関西学院大学 社会学部の50年

写真と回想で綴る半世紀の歩み

KWANSEI GAKUIN UNIVERSITY
School of Sociology
Since 1960

関西学院大学社会学部

『関西学院大学社会学部の 50 年
－写真と回想で綴る半世紀の歩み』発刊にあたって

　関西学院大学社会学部は 1960 年に創設されました。独立した「社会学部」としては、関西さらに西日本で最も古く、その源流が 1915 年の関西学院高等学部社会学科にまで遡るという意味で、日本で最も歴史と伝統に恵まれた「社会学部」であるといってよいでしょう。

　50 年という歳月をへた現在の社会学部は、社会学科 1 学科のもと、学生定員 650 名、専任教員 52 名という、全国的にみて最大級の社会学部へと成長しました。社会学のほとんどあらゆる分野の専門研究者が一堂に集い、社会心理学、人類学、哲学、言語・文化研究など関連分野の専門研究者も多彩です。2009 年度から導入された新たなカリキュラム体系は「3 系 7 領域」を網羅し、「メディア」「社会表象」の 2 領域からなる「メディア・表象」系、「現代社会学」「グローバル社会」「ソーシャル・ネットワーク」の 3 領域からなる「社会・共生」系、「臨床社会」「社会心理」の 2 領域からなる「人間・心理」系という括りのもとに、実に多くの講義・演習科目がきめ細かく設けられています。ここ数年は、多くの若手研究者を含む新任スタッフが続々と加わり、学部創設期を想わせるような自由闊達な気風が新たに根づき始めています。

　社会学部が学部としての地歩を固め、時代の変化と要請に対応しあるいは先取りして、今日の姿にいたるまでには、学部、大学、学院内外の多くの先達者・関係者の方々のご努力がありました。そのご努力とご厚情に思いをいたし、改めて深い感謝の念を捧げたいと思います。

　本書はこれまでの「学部史」あるいは「年史」から趣向を変え、「写真と回想で綴る半世紀の歩み」として編纂されています。数多くの興味深い貴重な写真とともに、教員や卒業生をはじめとするキーパーソンによる多彩な「回想」を通して、社会学部の生きた歴史にふれることができるよう工夫されています。社会学部が今後さらなる成熟を遂げるための知見や教訓が随所に散りばめられている大切なデータ・ブックであると考えます。

　本書の編纂に尽力して頂いた社会学部 50 周年記念事業委員会および本書編集委員の先生方、また、関係者各位に深甚の感謝の意を表したいと思います。

関西学院大学社会学部長

目 次

第一章 社会学部以前の関西学院 ……… 4
- 関西学院の創設 1889 ……… 4
- 原田の森の校舎 ……… 5
- 大学昇格問題から上ケ原への移転 ……… 6
- 新しいキャンパス ……… 7
- 関西学院社会学の源流と社会事業学科 ……… 8
- 社会福祉コースが学科へ ……… 10
- 社会学部設立前夜 ……… 12

第二章 社会学部設立のころ ……… 14
- 文学部2学科から学部構想へ ……… 14
- 日本初の身体障害児キャンプと、2学科の統合 ……… 18
- 設立時の社会学部 ……… 20
- 卒業生1 ……… 24
- 卒業生2 ……… 25
- 写真コラム 社会学部懇親旅行 ……… 26

第三章 大学紛争の中の社会学部 ……… 28
- 大学紛争そのはじまり ……… 28
- 紛争の拡大 ……… 31
- 紛争の収束 ……… 36
- 卒業生3 ……… 42
- 卒業生4 ……… 43
- 写真コラム 大学紛争 ……… 44

第四章 社会学部の歩み ……… 46
- 4つのコースの充実と教員 ……… 46
- 社会福祉の発展 ……… 48
- 産業社会コース ……… 50
- 社会学理論 ……… 52
- 学生の人気を集めたメディアコース ……… 54
- 関西学院大学社会学部の特徴 ……… 55
- 蔵内数太と領家穰 ……… 56
- 開かれた社会学部 ……… 58
- 日本国民の意識とは ……… 59
- 関西学院大学とのめぐりあい ……… 60
- 土地問題に端を発した関西学院大学の混乱① ……… 61
- 様々な専門分野 ……… 62
- 土地問題に端を発した関西学院大学の混乱② ……… 65
- 卒業生5 ……… 66

第五章 社会学部のキリスト教教育 ……… 68
- チャペルの再生 ……… 70
- チャペルとは何か？ ……… 72

第六章 阪神・淡路大震災前後の社会学部 ……… 74
- 1990年代はじめの社会学部 ……… 75
- 総合政策学部設立への協力 ……… 76
- 阪神・淡路大震災と社会学部 ……… 77
- 社会福祉学科の設置 ……… 79
- 社会福祉学の新たな領域 ……… 81
- 卒業生6 ……… 83
- 写真コラム 地域の中の関西学院大学 ……… 84

第七章 21世紀の社会学部 ……… 86
- 社会調査士制度 ……… 87
- 『「人類の幸福に資する社会調査」の研究』が「21世紀COEプログラム」に採択 ……… 91
- 人間福祉学部設置と新学科設置の断念 ……… 93
- 卒業生7 ……… 98
- 卒業生8 ……… 100
- 写真コラム 関学生ファッションの変遷 ……… 102

第八章 2万人の卒業生、その後 ……… 104
- 関西学院大学社会学部卒業生の生活と意識に関する調査 ……… 105

第九章 日本の未来と社会学部のこれから ……… 110
- 日本社会と社会学のこれから ……… 111
- 写真コラム 想い出の社会学部校舎 ……… 114

第一章 社会学部以前の関西学院

関西学院の創設 1889

　1885（明治18）年5月6日、米国南メソヂスト監督教会外国伝道局は、第39回年会において、南北戦争の痛手などによって、中断していた日本伝道の計画を新たにし、J・C・キーナー監督の提案により「日本に海外宣教部を設置し、そのために3,000ドルを充当すること」を決議した。そのミッション活動を展開するために、南メソヂスト監督教会が選んだ指導者が、父とともに中国において医療伝道に従事していた若きエース、W・R・ランバス（1854-1921　当時32歳）だった。

　このように、ランバス宣教師による関西学院創設は、個人の企てではなく、メソヂスト運動を創めたジョン・ウェスレー（1703-1791）の流れをくむ米国南メソヂスト監督教会のミッション（使命）であった。

　1886（明治19）年11月24日、北京より来日したW・R・ランバス宣教師は、西日本における伝道計画の長期的展望のもとに、牧師、伝道者の養成と、キリスト教主義に基づく青少年教育を授ける男子の総合学園設立を目指し、時を移さず、一気に準備を進めた。

　1888（明治21）年8月、ランバスは、第2回日本宣教部年会でその学園設立を正式に提議した。資金の目処はまったくたっていなかったにもかかわらず、「神は望むものには、必ず、必要なものを与えたまう」という聖書の教えを信じ、祈り、まず、香港上海銀行から2,000円の貸付を受け、神戸市の郊外、原田村（現在の王子公園の一角）の10,000坪（約33,000㎡）の校地を10,000円で購入した。翌年、バージニア州リッチモンドの銀行家ブランチによる献金にて、支払いを完了した。

　1889（明治22）年9月28日、関西学院は創設された。授業開始の10月11日、小さな学灯を囲んだのは、ランバスと5人の教師、19人の学生・生徒であった。

　W・R・ランバスは、1891（明治24）年1月に離日、結局、日本滞在は、4年余りという短期間であった。アメリカに帰国後、南メソヂスト監督教会伝道局総主事など、要職を歴任した後、倦むことなく世界伝道に挺身し、66年の生涯を文字通りキリストの「使徒」として生きた。

　学院は、米国の教会によって設立されたが、米国人宣教師だけで成立したのではない。キリスト教主義教育に心から賛同し、積極的に協力した日本人指導者を抜きにして、関西学院の存在はなかった。

　その日本人指導者の1人が第2代院長吉岡美國（1862-1948）であった。吉岡美國は、京都の幕臣の家に生まれ、神戸にて英文紙『ヒョーゴ・ニュース』社の記者をしていて、ランバス父子と出会い、キリスト教に入信し、メソヂスト神戸教会会員として学院の設立にもかかわったのである。吉岡は、第2代院長として、1892（明治25）年から、1916（大正5）年まで、在任23年半の長きにわたり、学院の校風を形作るのに中心的な役割を果たした。その校風とは、吉岡が好んで記した『敬神愛人』という書に象徴されているように、敬虔で固い信仰と、温厚篤実で慈愛に富んだ寛容の精神であるといえる。

W・R・ランバス（人名は敬称略、以下同）　001

吉岡美國　002

原田の森の校舎

　1908（明治41）年、神学部が専門学校令による「私立関西学院神学校」として認められたのに続き、1912（明治45）年、高等学校の設立が認められ、学院は晴れて高等教育を行うことになったのである。

　草創期の校舎は、バラック同然の粗末な建物であったが、成長期に入った学院の教育振興のために、アメリカ、カナダの諸教会から、継続して多額の献金が寄せられ、原田の森に、次々と美しい学舎が竣工した。

　1894（明治27）年、建造の本館とブランチ・メモリアル・チャペルは、旧館の呼称で親しまれた。チャペルに記念の名前を冠したJ・ブランチは、原田の森校地購入に際し、必要経費の大部分を寄付したリッチモンドの銀行家、T・ブランチの令息で、親子2代にわたって、学院に財政的な援助を与えてくれたのである。

　その後、カナダ・メソヂスト教会が経営に参加（1910）し、以来、荘重な外観の煉瓦造りの神学部校舎（1912）、次いで、広壮な普通学部（後に「中学部」に改称）校舎が落成した。キリスト教教育のためのハミル館、成全・啓明の新寮舎も建設された。校地は、25,000坪に拡張され、さらに、1919年、原因不明の失火（1917）で焼失した中学部の再建を機に、大講堂、文学部、高等商業学部の校舎が新築され、キャンパスは見違えるばかりに整備された。

　原田の森のある同窓は回想する「赤煉瓦の建物が緑の芝生と素晴らしい対照を見せ、絵画的な色調をたたえていた。……傾斜地のなだらかな線は柔らかく、美しい木の枝を通して摩耶山を仰ぎ、教室の窓から神戸港の光る波や行き交う船を眺めることができた」と。

ブランチ寄贈のチャペル　003

教員と学生　004

原田の森クロスポイント　005

第一章　社会学部以前の関西学院

大学昇格問題から上ケ原への移転

関西学院が、大学への昇格を目指したことが、発祥の地である神戸市原田の森を離れることとなる。

　高等学部を設置し、高等教育に乗りだした学院が、大学を開設するのは時間の問題であり、必然でもあった。すでに、東京では早稲田や慶応、関西では同志社などの専門学校が、専門学校令のもとで、「大学」と称していたことに大きな刺激を得ていた学院理事会は、1914年以来、ひそかに旧専門学校令による「大学」という呼称を使うことを検討していた。

　1918年12月、新しく大学令が制定され、学院の高等学部学生たちは、1919年1月、学生総会を開き、新大学令による大学昇格を推進することを決議した。

　理事会は、ただちにこれを受けて「大学委員会」を設置し、そのための具体策を練り、北米にある米加両メソヂスト教会による「関西学院連合教育委員会」に送った。この委員会も大学昇格には賛同したのであるが、折しも、第一次世界大戦直後の不況のため、財政的な理由からその早期実現に消極的となり、大学昇格は、一時中断されることになった。もし、第一次世界大戦がなければ、関西学院は、この時点で大学昇格を果たし、いまでも原田の森に位置していたかもしれない。

　大学昇格は、学生、教員の悲願であったが、その資金調達で行き詰っていた。その時、神は思わぬ手を差し伸べた。高等商業学部教授菊池七郎（1877-1958）は、隣家の友人で、アメリカ帰りの少壮実業家、河鰭節（かわばたみさお）に学院の窮状をもらした。河鰭は「現在の敷地を有利に売却して郊外に移り、その差額で大学昇格の資金1,000,000円を捻出する」という打開策を提案した。

　今、ようやく整備された美しいキャンパスを手放して移転せよという発想は、あまりにも大胆であったが、この移転案に即座に賛成したのは、ウッズウォース（1883-1939）、アウターブリッジ（1886-1976）をはじめとする米加宣教師たちであった。

　当然、反対もあった。「学院発祥の地をすてるのか」、「大学は都市を離れるべきではない」などの反対論に加えて、神戸市の猛烈な引きとめ工作も始まった。

　激しい反対と中傷が続く中、河鰭は、ついに時の高等商業学部長神崎驥一（1884-1959）と、阪神急行電鉄専務小林一三（1873-1957）との会見を実現させた。これが、学院100年の大計を決める摂理的な交渉となった。1926（大正15）年、秋のことだった。

　阪急側には、神戸進出や沿線開発などの計算もあったようであるが、原田の森の校地および、校舎を3,200,000円で買い取り、同社ですでに売買契約をしていた上ケ原校地70,000坪（約23万㎡）を、550,000円で学院に譲渡するという交渉が成立した。

　こうして1927年5月27日、学院理事会は、武庫郡甲東村上ケ原への移転を全員一致で決定し、差額で懸案の大学設立に必要な諸経費を捻出することになった。

　このことにより、関西学院は創立以来の米国・カナダ両教会による経営という形を改め、自立した経営団体「財団法人　関西学院」（1931）となり、1932（昭和7）年、大学設立が文部省から認可されたのである。

小林一三　006

神崎驥一　007

移転した上ケ原キャンパス
後年、第5別館と社会学部が建設された場所には池が見える　008

新しいキャンパス

　上ケ原への移転は、1929（昭和4）年3月に完了した。田園地帯・上ケ原新校地では、ヴォーリズ建築事務所の設計・監督と竹中工務店の施工によって、主要建築はすでに終わっていた。新校舎はヴォーリズの構想により、鉄筋コンクリート製で、赤い屋根瓦とクリーム色の壁のスパニッシュ・ミッション・スタイルで統一されていた。しかし、まだ、緑の木々も芝生もなかった新キャンパスは、赤土の上に四角い白い砂糖菓子を置いたように見え、さえぎるもののない夏の日差しは暑く、六甲山から吹き下ろしてくる冬の風は冷たかった。図書館を中心に中央芝生を囲んで両側に建物を配置するという基本構図は、現在までも受け継がれている。

　移転の年の9月28日に学院は、創立40周年記念式を挙行し、最初の年史である『開校四十年記念関西学院史』を刊行した。

移転時のキャンパス　正門から　009

甲山側から見た上ケ原キャンパス　010

第一章　社会学部以前の関西学院

関西学院社会学の源流と社会事業学科

旧制高等学校の文学部において、**小山東助**（おやまとうすけ　1879-1922）、**河上丈太郎**（1889-1965）、**新明正道**（1898-1984）と引き継がれた関西学院社会学の系譜は、**大道安次郎**（1903-1987　社会学部在籍［以下Sにて表記］1960-1972）によって受け継がれた。大道安次郎は、関西学院で新明正道に学び、九州大学で高田保馬に師事し、さらにアダム・スミスの研究者という経歴を経て、文学部社会学科で教鞭を執るに至った。

大道安次郎　011

1889　関西学院創設（明治22）神学部と普通学部

1891　初代院長、W・R・ランバス出国

1892　吉岡美國、第2代院長

1894　日清戦争

1896　T・H・ヘーデン教授、神学部において社会学を講義

1904　日露戦争

1908　専門学校令により神学部が関西学院神学校として認可

1912　高等学部（文科・商科）を新設

1912　高等学部長、C・J・L・ベーツ、R・C・アームストロング、H・D・アウターブリッジなどの宣教師が社会学を講義

1913　小山東助教授、文科長に　応用社会学を担当

1913　高等学部文科を、英文、社会、哲学の3専攻に

1913　社会学を専攻する学生は少数が続く

1914　第一次世界大戦

新明正道　012

大道安次郎と関学社会学

倉田和四生〔S 1960-1997〕

　大道安次郎先生が、関学に在籍したのは大正10年代だから原田の森出身です。関学の中で、その時分に評価が高かったのは高等商業学部でしたが、大道先生はその高商で学んでいるんです。

　それで興味深いことには、旧制の高等学校の文学部に社会学科があったことです。1915（大正4）年という日本で最も古くからあった。文学部といっても、旧制の高等学校レベルで、大学レベルじゃないけども、日本で恐らく一番古いぐらいの社会学科があった。

　そこに1921（大正10）年から、東大の法学部出身で新人会にも属していた新明正道という著名な政治学者がきてくれた。新明先生は学科の都合で社会学の講義を担当することになりました。大道先生は高等商業学部の生徒でしたけれども、文学部の社会学科の新明正道先生の講義を聞きに行ったらしいです。その時、新明先生の社会学の講義を聞いて、社会学に関心を持ち出したんですね。

　それで、大道先生は、1925（昭和2）年3月に高商を卒業して、大学に進んで社会学をやりたいと思ったわけです。ところが、新明正道先生は、大道先生が卒業する前年（1924年）に、新たにできた東北大学の社会学の教授にスカウトされたんです。それで大道先生は、それなら「私は先生のいる東北大学へ行きます」と頼んだのですが、新明先生が、「おれは向こうに行くことになったけれども、すぐに2年間ドイツに留学しないといけない」「だから、おまえが来ても私はいないから、九州大学へ行きなさい。九州大学の高田保馬先生に推薦状を書くから、高田先生のところへ行け」といわれて、推薦状を書いてもらったらしいです。それで九大に行って、3年間、文学部の社会学専攻で高田保馬先生と、先生1人学生1人で勉強し、高田先生のところの九州大学を卒業したんです。

　卒業する少し前に、当時の関学の重鎮だった、神崎驥一院長から手紙が来たそうです。それというのは、神崎院長は、「そろそろ関学出身者で教員になる人物を養成したいと考えていた」そうで、そのことを東北大学に移った、新明正道先生に相談したようです。そしたら新明先生の答えは、「大道くんだったら」と推薦したらしいですね。それで、九州大学にいる大道先生のところへ手紙が来たというんです。その手紙には「母校に帰ってもらいたい、九州大学を卒業したら高商の教員に来てもらうから。それだから社会学じゃぐあいが悪い。経済学を勉強してくれ」と、急に連絡があったそうです。それで大道先生は、3年生の終わりのころに、大急ぎで、経済学の登録をして、向こうで単位をとったというわけですね。要するに卒業するや否や、母校に帰って、高商部で、場所は原田の森から上ケ原に移ってたわけですけども、ずっと経済学と社会学の両方を、高等商業学部で教えたそうです。

　そんなわけで大道先生は、その時点では経済学については、あまり深くは学んでいなかったわけでしょう。経済学を本格的に研究するにはどうしたらよいか、いろいろ考えた結果、

当時の大阪市立大学に堀経夫という立派な先生がいたので、(その先生が実は後に関学に来て関学の学長をしたわけですけど)、そこに通ってイギリス経済学史の勉強をしたそうです。イギリス経済学史の勉強だったら、何をしたらいいのかきいてみたら、アダム・スミスをやりなさいといわれたので、それを一生懸命勉強して、そこで堀先生とそのグループのみんなでの発表会で、月に1回その研究成果を発表をしていたわけですね。そこから始まって、先生はアダム・スミスの研究の大家になったんです。大道先生は当時の日本のアダム・スミス研究の三羽ガラスの1人といわれてた時期があるんです。戦前の話ですけど、1940 (昭和15) 年に、アダム・スミスを研究した本 (『スミス経済学の生成と発展』日本評論社) を出し、家1軒建つほど、よく売れたらしいです。

そうこうしてるうちに、1943 (昭和18) 年、1944 (昭和19) 年、1945 (昭和20) 年と戦争が厳しくなってきて、関学にも学生が極端に少なくなったんです。学徒出陣で、学生がみんな動員されたでしょう。

そのころに、関学では神崎院長のもとで教員の大リストラをやったんです。中央講堂に集められて、みんな辞表を出させられて、それで神崎先生が残ってほしい者だけに辞表を返すという形で大リストラをやったんです。1944年 (昭和19) のころ。そのときに大道先生は残ったんです。大道先生は神崎先生のお気に入りだったんですね。

次に、そのころの関学社会学の状況を話さないかんのですけども、旧制の文学部に社会学科があったわけです。そこに小松堅太郎というすぐれた先生がおられた。その先生は、どういう方かと言うと、九州大学で高田保馬先生の助手をしておられた方です。この人は高田先生の助手をしておられただけあって、すごく立派な業績を残されているんです。要するに文学部の方には社会学で専門の先生がいたわけです。

ところが、小松先生は、1944 (昭和19) 年の大リストラのときに、リストラにはひっかからなくて辞表は返してもらったんだけど、やっぱりそのとき辞めているんですよ。そういうことで、文学部の方に社会学者がいなくなったものですから、アダム・スミスの大家にまでなったのに、高商から文学部の社会学科 (昭和10に大学) の方に大道先生は移籍したんですね。1944年に移籍して、その後15年以上、ずっと大道先生1人で社会学科を支えてきたというわけです。

大道先生は、関学のまさに生え抜きですけれども、きわめて稀な例ですが、特別にすぐれた恩師に恵まれた方でした。それは社会学の2人の大家である、高田保馬と新明正道という両方から、直接、教えを受けたということです。高田保馬と新明正道といったら、大正中頃から昭和30年代まで、理論社会学の分野の大家だったわけですからね。また両方の先生を、非常に大事にされた方でした。大道先生は、『高田社会学』(有斐閣、1953) と『新明社会学』(恒星社厚生閣、1974) という両方の先生の説を解き明かす本も出されています。

高田保馬 013

1918 河上丈太郎教授、着任 学生数急増
1919 高田保馬教授、社会学の集中講義
1921 新明正道教授、文科社会学科に就任
1921 創設者、W・R・ランバス初代院長横浜にて永眠
1923 関東大震災
1926 新明正道教授辞任し、小松堅太郎教授就任
1929 上ケ原移転
1929 世界大恐慌
1931 満州事変
1933 校歌「空の翼」制定
1935 大学に昇格 社会学専攻は法文学部に
1936 2.26事件

大道安次郎ゼミ (1960) 014

第一章　社会学部以前の関西学院

社会福祉コースが学科へ

大道安次郎が支えてきた文学部社会学科の中には、社会福祉のコースも含まれていた。その社会福祉は、1952（昭和27）年、社会事業学科として独立することになった。

関学社会福祉の黎明期

今井鎮雄（兼任講師 S 1960-1995）

　第二次世界大戦が終わり、1946年の春に上海から日本へ復員しました。実家のある大連には帰ることができないので、とりあえず祖母のいる東京へ戻ることにして、途中、母校の同志社大学へ帰国の挨拶に立ち寄ると、嶋田啓一郎さんから「神戸の灘購買組合が文化部をつくることになっていて、竹内愛二先生（1895-1980　S 1960-1966）が責任者になる。君も手伝ってみないか」と言われました。戦前、大学の聖書研究会や学生YMCAで活動していた仲間で生き残った者の多くが、戦後は生協活動に関わっていたので、私もその勧めにしたがって神戸へ向かいました。

　国鉄・住吉駅の駅前に灘購買組合（現　生活協同組合コープこうべ）の建物があり、そこに竹内先生と当時の組合長、田中俊介さんがおられました。竹内先生は同志社大学の教授でしたから、顔も名前も知っていました。試験も何もなく、田中組合長から「よく来てくれた。これから竹内先生が文化部をつくる。従業員教育と地域の中で組合員のための文化活動を始めるので、ぜひやってほしい」といわれ、はい、わかりましたと答え、それでいつから始めますかと尋ねると、「今から」というふうに生協で働くことになり、竹内先生と文化部の活動をご一緒にさせていただきました。竹内先生は、人に対してとても親切なんだけれど、親切にしているということを表に出さない方でしたね。

　そうこうしていると竹内先生から、「社会福祉に関心があるなら、専門的に取り組んではどうか」と言われました。軍隊では朝礼で兵隊に話をしていましたし、大学で社会学をかじったのでそれについて話すことにも慣れていて、生協に集まる奥様方の前で話をすることは苦にならなかった。先生はそういうところも見てくださっていたんでしょう。

　竹内先生は生協に3年おられ、その後、関西学院へ移ることになりました。「関西学院で専門的に勉強してはどうだ。関学へ一緒に来なさい」と言ってくださった。先生は立派な学者ですが、私は入隊したために仮卒業のままですと言うと、「それなら、これから2〜3年、研究室で勉強すればいい」。では、昼は関西学院の研究室で勉強するとして、夜はどこかで働かねば。それで、すでに「ワイズメンズクラブ」の会員として入会していた神戸YMCAで、夜の間、働くことになったんです。

　竹内先生は、「僕はアメリカでケースワークを研究したから、主にそれをやる。君はグループワークをやってはどうか。YMCAにいるなら、グループワークはきっと役に立つよ」。当時、グループワークをやっているところもなく、グループワークってなんですかというくらい何も知らなかった。アメリカでは社会福祉の方法論として、個人と個人のアプローチ、個人とグループのアプローチ、個人と社会のアプローチがあって、それぞれ、ケースワーク、グループワーク、コミュニティ・オーガニゼーションと呼ばれると教えていただいた。その「ケースワーク」を担当するのが竹内先生、ということです。だけど、カウンセリングとは、結局、人に寄り添うことですね。私はコミュニティとは何かというところから勉強しました。指導教官がいないのでいろんな先生方に相談しました。外国人の宣教師が「これを読みなさい」と貸してくれたのがマッキーバーの『コミュニティ』という分厚い本で、原文で読み通しました。

竹内愛二　015

今井鎮雄　016

1938　国家総動員法
1939　創立50周年式典挙行
1940　第3代院長、C・J・L・ベーツ、帰国
1941　太平洋戦争開戦
1943　学徒出陣開始
1944　配置転換のため教職員全員辞表提出
1944　小松堅太郎教授辞任
1944　大道安次郎助教授、法文学部へ移籍
1944　関西学院神学部廃止

1950年、ガリオワ・ファンド（のちのフルブライト奨学金）から、アメリカへ留学する機会が与えられました。10ヶ月の滞在中に、シカゴにあったジョージ・ウイリアムズ・カレッジで、ソーシャルグループワークの集中講義を1日6時間、2週間にわたって受講しました。（ジョージ・ウイリアムズはYMCAの創始者の1人、ここは主に社会福祉に関わる人を養成するための大学でした。）合計72時間、大学で1年分の講義を受けたことになります。受講するだけなら聴講生、試験を受けて合格すればクレジットをくれるというので、必死に勉強して毎回レポートを書き、6回の試験を受けて、2単位を取得しました。お蔭で、グループワークとはこういうフレームでやるんだとよく理解できました。研修先として、ミシガンとデンバーではYMCAの協力でキャンプサイトを、ニューヨークではセツルメントや社会福祉施設を選んでボランティアとして働かせてもらいました。このときに、グループワークに関する本をたくさん買って帰りました。

坂本津矢子 017

　竹内先生は、1949年当時、社会学科の1専攻であった社会福祉を学科として独立させるため、社会事業学科となるためのメンバーを集めようと奔走しておられましたが、偶然知り合ったのが、精神科医の杉原方（たもつ）先生（1917-2003　Ⓢ 1960-1986）でした。杉原先生は1週間に1度、神戸の拘置所かどこかで精神鑑定を担当されていて、その帰りに寄った散髪屋で竹内先生と会われたそうです。世間話をしていたらアメリカで精神科の勉強をしたという、「それなら関学へ講師として来ませんか」と頼まれたんですね。少し遅れて坂本津矢子さん（1916-1998　Ⓢ 1960-1985）がアメリカで家族社会学を勉強して帰ってきた。独身と聞いて、では学者同士でと、回りが勧めて同志社大学の嶋田啓一郎さんと結婚されました。社会学科の先生といえば、竹内先生と杉原先生、嶋田（坂本）津矢子さんの3人だけ。あとは文学部の心理学の先生にもたのみ、それでも足りないので、神戸大学医学部の金子敏輔先生、大阪府立大学の岡村重夫先生（1906-2001　Ⓢ 1970-1975）にも非常勤として来ていただいていました。それが社会学科社会福祉専攻の教員陣でした。私も1951年から非常勤講師として「グループワーク」を担当させていただくことになりました。

杉原方 018

　助手の席が空いたところで、武田建さんが大学を卒業。武田さんは先生方からかわいがられて、大学院生の頃から助手のような仕事を始めていました。武田さんは私のところで育ったように言ってくださいますが、学問的には竹内先生にしっかり鍛えられ、マスターを終えてアメリカへ留学しました。彼も変わっていて、短大の英文科から社会事業学科に入ってきたのですからね。

竹内愛二ゼミ（1964） 019

第一章　社会学部以前の関西学院

社会学部設立前夜

文学部社会学科が学部として独立することとなり、若手研究者が学部設立前から集うこととなった。後に関西学院大学社会学部を代表する萬成博と領家穰は、ともに同じ先生を恩師としていた。

九州大学で社会学を学ぶ

萬成博（Ⓢ 1960〜1990）

萬成博 020

萬成博ゼミ（1964） 021

1945　広島長崎に原爆投下
1945　ポツダム宣言受諾
1945　無条件降伏
1945　国際連合成立
1945　専門部、予科、大学、中学部、授業再開
1946　日本国憲法公布

　高田保馬先生は大道安次郎先生の先生です。私は高田先生の本を読んで社会学を志しました。1944（昭和19）年ですね。だから1944年に旧制の専門学校を卒業したとき、当時、高田社会学の勢力論、あれはとてもとても私たちのそのときの力では及びませんでしたので、私の読んだのは民族論とかです。その当時、高田先生は文部省の中にできた民族学研究所の所長もされていて、それで民族論というのを書いたわけですね。大学にも属していて、京都大学教授、経済学教授との兼務です。
　その前に、勢力論というのを唱えているわけです。勢いの勢力論です。高田先生は経済学者でもありますけども、経済を動かし支配してるのは、自由競争とかということじゃなくて勢力に求めたわけですね。権力、力というのを社会学的概念を入れて経済を現象を説明しようとするわけです。それが高田経済学の根本をなしてるわけですね。集団の力というか。そういう感じではないでしょうか。勢力説、それから随筆集の中に『貧者必勝』があり、歴史的に見て、勢力の主体は交替するという立場をとったんですね。その『貧者必勝』という随筆集にも刺激を受け、そういう学問をするのは社会学だというので、九州大学の社会学科に入ったのです。
　私のついた教授は、後に大阪大学を経て、関学にも来られ、日本社会学会の会長もされた蔵内数太先生（1896-1988　Ⓢ 1960-1967）です。蔵内先生が九大の主任教授でした。そこで社会学の基礎的な社会学説、それからドイツ社会学とか、理論、概念、思考方法というものを習いました。一生の恩師ですよね。
　私は、兵隊として戦争にも行きました。大学に入って1〜8月までの8ヶ月間、陸軍特別幹部候補生隊に入隊しました。学徒動員です。しかし8ヶ月間だけの国内勤務で終わってしまいました。入隊前に3ヶ月間一緒に大学で勉強した人の中でも、外地に行った人で戦死した人もおりますが、戦死というよりも多くが戦病死ですね。私は生き残って帰ってきました。終戦のとき、ちょうど満20になっていました。
　それから、兵隊が終わり家に帰り、1945（昭和20）年11月から大学に復帰しました。そして1947（昭和22）年に法文学部の文科哲学科の社会学専攻を卒業し、九州大学の大学院の特別研究生という制度ができたので、その研究生になりました。1947（昭和22）年から1950（昭和25）年まで、大学院生で研究生でした。学部と大学院では、高田先生の勢力論からマックス・ウェーバーの支配の社会学に関心を移しました。私の同僚の研究生はウェーバーの前近代的伝統的支配としての、封建制や家父長支配を研究しましたが、私は近代社会における官僚制組織を研究テーマに選びました。日本における合理的官僚制支配が私の終生の研究テーマとなりました。
　この頃、戦争後で公職追放という事件があって、蔵内先生は右派の社会学者とみられていて、その後退職するわけです。退職して、岡山の実家にいたところ、新設された大阪大学の文学部へ誘われ移られたのです。

一高・京都大学・大阪大学助手を経て関学へ

領家穣（Ⓢ 1960-1990）

1940年一高（旧制高校）受けて落ちて、浪人していた。おれにしたら高等学校3年も行くのは遊びだと思っていたから、何とかする方法はないかいなと思って調べてみると、大学専科という手があった。大学専科というのは、定員に余りがあるときに限り募集されることになっていた。その当時だったら、九大・東北・北大ぐらいしかなかったと思う。専科は入って1年間全優の成績をとると、本科に切りかえてくれた。高等学校を1年で済ますこともできるわけだ。それだったらおやじたちに文句言われることもないし、自分のしたいようにできると思ったから、九大の専科を受けた。そのときに蔵内先生が主任教授だった。

浪人して受けた一高は、自分で採点してみても、50点あるかどうかというようなもんだった。とてもだめだなと思った。

専科の試験は、自分で採点しても、90点を下回ることはないと思った。

ところが、翌日が口頭諮問で、18人の教授が全部出席されている。最初に質問した人が蔵内さんだったと思う。「君、高等学校を受けたかね」と訊かれて、「一高を受けました」といったら、「ここは高等学校を受けられるものはいかん」といわれた。「学問に近道はないからゆっくり遊んでこい」といって、相手にしてくれない。その意味が分からなかった。「もうよろしいわ、入れてもらわんでも」といって帰ってきた。

どの学校も通るかどうかわからない。一番先に通知が来たところへ行くことにきめていたら、それが一高だった。

一高に行くことにして、特急に乗ったら、一緒に九大を受けたどこかの駅の助役さんという、わたしよりも大分年上の人が、子供を背負って角帽をかぶり、うれしそうな顔して「あんたどこへ行くの」と訊く。「一高へ行く」と言うたら、「九大の専科はあんた1人しか通ってない」という。まさか通ると思っていなかったのに。

彼が地元で九大の事情をみな聞いてきているのだ。それによると、教授会でほかの先生たちから中学卒業しただけで専科に採っていいだろうかという疑問が出たとき、口頭諮問で反対した蔵内先生が、「点数をクリアしとるものをとやかくいうことがあるか」といって合格を認めさせてくれたのだそうだ。

それでも結局一高に行き、京大を出て、就職試験をみな落ちたとき、新設の阪大法文学部社会学の主任教授だった蔵内先生のところに採用されることになった。

蔵内先生にあいさつに行くと、「君、九大の専科を受けたことがあるか」と言われた。「受けました」というと、「領家といえば憶えがある」といって、「教授会で結構もめたのだよ」といわれた。そういう関係で蔵内さんとは因縁があったのだ。阪大の蔵内さんの助手は、10年を超えた。この時期に萬成君とも知り合ったのだ。

でも、阪大の助手になった翌年には「山口大学へ行かんか。山口大学だったら、お前の田舎の益田から山口線で通勤できるよ」といって、時間表まで繰って調べておられる。

「何を教えますねん。もうちょっと置いといてください」というと、黙っておいてくれた。だから、繰り返し先生は「出ていけ」と世話してくれたけど、大抵「女房が反対」とか何とかいって頑張った。しかし、関学のときは、先生が先に女房に会って「あんたがいつも反対ということだが、今度も反対か」といって訊ねられた。女房は「一度も反対したことはございません」といったから、今度は仕方ない。

蔵内先生は定年が近づいていたので、「同時に教授と助手がおらんようになったら、研究室は成り立たなくなるから、とにかくお前が先に出て行け」といって、1959年から関学文学部の専任講師になった。その時、関学に来るように声をかけてくれたのは、萬成君だったのだ。

領家穣 022

領家穣ゼミ（1964） 023

1947 新制中学部開設

1948 新学制による新制大学、高等部開設

1948 文学部社会学科開設

1949 金沢実専任講師、社会学科就任

1950 公選制による最初の院長選挙、今田恵教授が選出

1950 岸川八寿治助教授、社会学科就任

1950 朝鮮戦争勃発

1951 学校法人関西学院が認可（財団法人からの変更）

第二章 社会学部設立のころ

文学部2学科から学部構想へ

社会学部の設置は、文学部社会学科と社会事業学科のメンバーが積極的に望んだことではなく、関西学院の経営上の課題から新設学部として構想されるようになり、1959（昭和34）年4月9日の理事会において、関西学院大学社会学部設置案が提示された。

以下は、同年9月30日文部省に提出された『関西学院大学社会学部増設要項』の「目的及び使命」からの抜粋である。

「現今社会学の発展は、極めて広汎な社会現象を研究対象とする実証的な学問としての性格を示すに至った。（中略）学界の状況および社会の情勢に鑑み、現在の文学部社会学科と社会事業学科を同学部より分離し、これを包摂した社会学部を設け、理論的な社会学の諸学科と実際的な社会福祉学、産業社会学、広報、新聞学等の学科目を配置し、一丸とした教育と研究を行いその期待に応えようとするのである。」

1960年9月社会学部棟竣工

社会学科の構成員

倉田和四生

　私の恩師の大道安次郎先生が初代学部長となったのですが、社会学部の設立前は、大道先生が文学部社会学科の主任だったわけです。その時分の独立するときの文学部社会学科の教授陣と人員の構成というのは、まず文学部社会学科の学科長として大道安次郎教授が1人、その下に、岸川先生に代わって余田博通（1916-1983　[S] 1960-1983）という農村社会学の方が助教授になられましたが、後に社会学科の教授になられたのですが、残念なことに肺ガンで亡くなられました。その下に、専任講師で萬成さんと、それから領家さんがいたわけです。専任助手は私という、そういう構成だったんですよ。

　私は、文学部社会学科に1951（昭和26）年に入学して、そのまま大学院に進んで助手になりましたから、当時のことは知っています。余田先生が入ってきたのが、1954（昭和29）年で、要するに私の学生時代に入ってこられたんです。萬成さんが入ってきたのは、ちょうど1955（昭和30）年で、私が大学院に入った年です。そのようなわけで、当時のことを知ってるのは、今では萬成さん、領家さん、それに私と牧さんだけになりました。

　私は1955（昭和30）年に大学院に入って、1957（昭和32）年に修士になって、それから専任助手になったのが1958（昭和33）年4月なんです。それから、1959（昭和34）年に何か新しい学部づくりができるという話ができて、それがわずか1年でできたんですね。

　理学部が、社会学部の1年後にできた。その理学部と抱き合わせで、社会学部は計画されたんですね。いずれにしても、物すごいスピードでできたんです。

余田博通　025

1951　サンフランシスコ講和条約
1952　文学部神学科が独立し、神学部再開
1952　文学部社会事業学科開設
1954　余田博通助教授、社会学科就任
1954　定平元四良専任講師、社会学科就任
1955　萬成博専任講師、社会学科就任
1955　千刈キャンプ開設
1959　創立70周年式典挙行
1959　領家穣専任講師、社会学科就任

倉田和四生の学生時代　026

文学部社会学科教員（1959）　027

第二章　社会学部創設のころ

大道安次郎、新明正道の影響から社会学へ

牧正英（Ⓢ 1960-2000）

牧正英 028

1959　安保反対デモ隊、国会に突入

1960　政府、国民所得倍増計画を決定（高度経済成長政策）

1960　開設委員会（委員　堀経夫、大道安次郎、竹内愛二、杉原方、蔵内数太、S・M・ヒルパン、L・B・グレアム、余田博通、定平元四良、嶋田津矢子、萬成博、領家穰、田中國夫、栃原知雄、西尾朗、小関藤一郎（オブザーバー）

1960　講義担当教員（教授：大道安次郎、竹内愛二、杉原方、蔵内数太、小関藤一郎、S・M・ヒルパン、L・B・グレアム／助教授：余田博通、定平元四良、嶋田津矢子、萬成博、領家穰、田中國夫、山中良知、栃原知雄、西尾朗、河辺満甕／専任講師：倉田和四生、牧正英、丹羽春喜、張光夫／助手：国分康孝、宇賀博）

1960　藤井康雄事務長、就任

　私は、元々、歴史とか、文科系統が好きやったんですが、別に社会学を好きやったわけやないし、なんでやろうなあ。そうや、高槻高校の先生の「関学の社会学科、一辺受けてみい」ということで受けてみたのでした。あの当時、他は3つか、4つ受けていました。関学にした理由ですが、キリスト教は関係ないし、建物に魅かれわけでもない、やっぱり、高校の先生の勧めが大きかったんでしょう。

　3年の秋学期だったと思いますが、神戸大学に大道安次郎先生の恩師の新明正道先生が、東北大学から社会学の集中講義に来られたんです。その新明先生の講義を聞きに行くように、大道先生から言われたんです。それで、行ってみたら、大道先生が事前に手を回していてくれたと思うんですが、講義を受けることを許されて、神戸大学の学生たちと一緒にそのまま受けました。

　そこではじめて、社会に対する全体社会学というものを学びました。あの当時の言葉でしたら、総合社会学というものです。今でいうたら、特定の理論ではなく、社会学史でもなく、でも、歴史的に大きな仕事をした、たくさんの学者の考えを通して、例えば、コントとか、スペンサーとかを通して社会全体をみるという学問でした。その当時、関学にその分野の先生がいないから、大道先生も、私に新明先生の講義を聞くようにいわれたんでしょう。

　私が、新明先生の本で面白いと思ったのは、『社会本質論』という本です。社会の本質とは何ぞやという本です。この本を読んだのは、新明先生の集中講義を受ける前です。大道先生が、ゼミのテキストとして、この本を使っていたのです。私はゼミでその本の内容を発表したりしましたから、その本の内容をさらに噛み砕くためにも、大道先生は、「お前行ってみろ」と言われたんでしょう。そこで大学院にも行ってみようと思い、大道先生からも「大学院を受けてみろ」と言われて、受けてみたら通ったんです。

　でも、そのまま産業社会学の分野に進んだわけではありません。産業社会学は、当時、萬成先生が中心にやっていました。当時は、産業社会学が、関学社会学部の看板でしたから。ただ、私が、産業社会学に進んだのには、私の実家が商売をしていた影響があります。私の実家は、家業として運送業をやっていたんです。それで、徐々に中小企業論をやるようになってきました。中小企業というものは、経営がたいへん難しい。大企業と中小企業との比較などを中心にしました。大企業と、中小企業の下請け関係としての繋がりには、明白に上下関係が成立していました。産業構造と、その上下関係はピタッと当てはまるんです。そこに非常に興味を持ちました。研究の下地としては、そういうことになりますね。その社会の実態を解明したかったんです。小集団研究にはじまり、そこから、大企業と中小企業の関係を解明したかったんですが、そのためには、いろいろな社会の仕組みや構造を知らないといけませんからね。

　倉田さんと、私は同学年でしたが、彼は私より3歳上で、昭和4年生まれです。だからお名前が和、四、生、なんです。私は昭和7年生まれです。

大道安次郎を囲んでの宴 029

社会事業学科の教員

武田建（Ⓢ 1962-2000）

　竹内愛二先生は、私が大学1年生（1950年）の頃には、もう社会学科に専任講師として着任しておられました。ケースワークのことを、ケースウォークと呼んでおられたと先生の想い出を『社会学部三十年史』で紹介させていただきました。当時は、教授・助教授以上でないとゼミは持てなかったのですが、その頃から竹内ゼミはありましたから、大物の先生なので特別枠だったのでしょう。私が社会事業学科に入ったのは1952（昭和27）年です。社会事業学科の3年に関西学院の短大から編入で入ったんです。その編入前から竹内先生はいらしていて、そこへ杉原方（たもつ）先生が助教授として着任なさり、アメリカに行かれた丹治義郎さんが助手でした。ですから、教授、助教授、助手の3人でした。専任講師はいませんでした。

　今井鎮雄先生は非常勤でしたが、学生にとっては非常に重要な存在でした。それに大阪市立大学から有名な岡村重夫先生が、非常勤で来ておられました。後にご定年後、関学に来て下さいましたが、大阪市立大学というよりも日本の社会福祉学の看板教授でした。でも、私の学士論文の面接の時には、非常勤でしたが岡村先生が立ち会って下さいました。

　私たちの学年はわりと人数も多く、半分は女性で、私以外は質も良かったんです。先生方は常勤・非常勤に関係なく、みな私たちの先生という雰囲気でした。パーティーも多かったし、クリスマスやイースターだといって集まって楽しんでいました。自由な雰囲気で竹内先生が非常勤の先生もみんな引っ張っておられて、竹内一家のような雰囲気がありました。

武田建　030

1960	学部英文名 Department of Sociology
1960	クラス担任制　1年生1クラス15名
1960	学部長：大道安次郎教授
1960	社会学部開設　開部式　始業式
1960	第1回社会学部総会
1960	新校舎モットー「真理は汝らに自由を得さすべし」と決定
1960	卒業のための専門科目84単位から96単位に変更
1960	学科目履修内規作成（イ）一般教育科目　24単位、（ロ）宗教科目（ハ）英語4単位　第2外国語4単位、（ニ）保健体育及び講義、（ホ）都市社会学、農村社会学、社会問題、広報学、産業社会学、社会学特論のうちより2科目8単位
1960	研究雑誌名「社会学部紀要」と決定

杉原方ゼミ（1967）　031

社会事業学科教員（1959）　032

第二章　社会学部創設のころ

日本初の身体障害児キャンプと、2学科の統合

今井鎮雄を中心に、日本で最初の身体障害児のキャンプが開催された。そこには、多くの関西学院大学の学生がリーダーとして参加していた。
社会学科と社会事業学科の2学科が、新設の社会学部で1学科となったことは、当時、助手であった倉田和四生、牧正英からしても意外なことだった。

身体障害児キャンプ

今井鎮雄

　1950年に10ヶ月のアメリカ留学から戻ると、その成果を生かしてグループワークを取り入れた新しい教育キャンプをやりたいと思ったんです。神戸YMCAは、1950年から香川県小豆島にある小さな島「余島」をキャンプサイトとして使用することになり、ここのキャンププログラムを、学生ボランティアリーダーやYMCAスタッフの青少年教育の実践の場としました。プログラムを支えるために、多くの関学の学生諸君がボランティアとして協力してくれました。武田建さん、宮田満雄さん、今田寛さん（文学部）たちが学生リーダーの中心となって、いろいろと勉強してくれました。

　キャンプサイトがようやく整いだした1953年、本格的に2つのキャンプを始めることにしました。1つは、子どものパーソナリティを伸ばす教育的プログラムを組み入れた2週間にわたる「長期少年キャンプ」。もう1つは、身体に障害のある子どものためのキャンプです。単なるレクリエーションキャンプではなく、障害を持つ子どもにとっては社会との関わりの場となること、また医学的見地から子どもの機能状態を把握し、社会状況の把握とその改善に意欲的に取り組むためのキャンプにしようという目標を立てました。関学の杉原先生や心理学の先生も参加してくださり、朝日新聞大阪社会事業団やライオンズクラブが後援してくれました。

　私たちは参加希望のお子さんの家を事前に訪問し、お医者さんは子どもたちとしっかり面談をしました。スタッフも学生リーダーも、障害を持つ子どもたちが置かれている社会環境や、一人ひとりの子どもの病状や障害の特徴について、事前に情報を持ち、キャンプに受け入れる際どのような対応をすればよいかを、子どもの一人ひとりについてシュミレーションしたうえで、キャンプに臨みました。子どもたちの健康状態の変化に備えて、医療スタッフの精神科と医学部の人たちは付きっきりでした。キャンプ中の子どもの状態や活動は、すべて記録に残しました。設備も十分に整っていなくて、スタッフはたいへんでしたね。トイレは和式ばかり、それでは子どもたちが使いにくいからと、学生リーダーが木枠を取り付けて洋風にしてくれたり、本当に大きな努力を払ってくれました。

　最初の年は参加希望者が少なく、大阪の済生会病院に協力してもらって、入院している子どもたちとお医者さん、看護婦さんも一緒に参加してくれました。それで大阪からたくさん来て下さったんですよ。参加者は20人弱だったかな。学生リーダーのほうが、子どもたちよりたくさんいましたね。キャンプが継続できるかどうか心配したのですが、参加した子どもたちもご家族も喜んでくださって、その後、10年続けることができました。この第1回キャンプに参加した片岡實さん（現ひょうご子どもと家庭福祉財団理事長）は、このとき8歳でした。

余島身体障害児キャンプ（1953）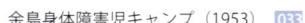

2学科が1学科に

倉田和四生

　私は、助手でしたので学校の中の上層部のことは、よくわかりませんけれども、とにかく早く、理学部を創る前に、文系学部でとにかく1つの学部をつくりたいという考えがまず学院の中にあって、いろいろ検討した結果、社会学部が一番いいんじゃないかいうことになったんですね。

　そんなわけで、社会学部としては関西では最初に出来たのでしたね。日本全体でも立教に次いで2番目。それまで社会学科としてはいろんなところであったけれども、学部という形のものはなかったのに、関西で初めてできた。そういう意味でも、非常に何か斬新なもので、しかも結果的にはたいへん良かったんですね。たくさん学生が集まってきましたしね。

社会学部校舎建築中

　それともう1つ、非常に特徴的なのは、文学部の社会学科と社会事業学科とが一緒になって、これら2つの学科が基盤になったんだけども、どういうわけか学部となると、社会学部社会学科だけになったんですね。要するに、社会事業学科というのは学科が消えて、単なるコースみたいな形になったんです。ただ大学院には社会学のドクターコースと社会福祉のマスターコースはあったんですけど、学科はなくなって1本になったんです。なぜだかわかりません。1学科にしようという形にどうもなったみたいですね。その時分に大道安次郎先生を中心にして、どういうものをつくろうかという開設委員会のようなものができて、とにかく1学科でいこうという形になったんですね。

牧正英

　社会学部創成期は、文学部時代の社会学科と社会事業学科が一緒になったんです。その福祉のコースのまとめ役は竹内愛二先生でした。学部独立時には、我々もいろいろお手伝いはさせていただいたんですが、助手補の立場でしたから、重要なことはよくわかりませんでした。ただ、竹内先生は、将来、福祉は社会の中心になってくるので、関学のバックボーンとしたいと語っておられました。私も、学部生時代に竹内先生の授業を受けた世代ですからね。竹内先生は、本心では1つのコースとなるのは、納得できなかったと思います。社会学部の中で、福祉を学科として独立させることは、竹内先生の悲願だったといえるでしょう。どうして1学科になってしまったかは、ちょっと私にはわかりません。われわれは助手でしたから、大道先生を通じてのまた聞きですから。

　また竹内愛二先生は、1970年、竹内愛二歌集『命ありて』を出版されています。そのお歌の1つに「実存的社会事業が終生のわが課題なり」と示されています。

　2学科を1学科に一本化することについては、やはり議論があった。蔵内数太が社会学科一本で行くことを主張し、竹内愛二が、社会事業学科の存続を繰り返し主張したが、結局は、1学科となった。（『社会学部三十年史』座談会より）

1961	理学部開設
1961	鈴木信五郎教授、杉山貞夫専任講師、遠藤惣一助手、太田義弘助手、就任
1961	社会学原論を共通必修とする
1961	グループワークとコミュニティーオーガニゼーシンを分離しそれぞれ4単位とする
1961	国分康孝助手、退職
1961	J・バランディエ（パリ大学）開部記念講演
1962	米国、ベトナムで戦闘に参加
1962	キューバ危機
1962	藤原恵教授、荒川義子助手補、塩原勉専任講師、光吉利之助手、武田建専任講師、就任
1962	ドラモット氏講演

社会学部創設時教員

第二章　社会学部創設のころ

設立時の社会学部

新しい学部を創るときには、柱となる教員が必要になる。余田博通と萬成博は、大阪大学を定年退職する蔵内数太に、新設される関西学院大学社会学部への着任を懇請した。

蔵内数太　036

1963　図書館新館竣工
1963　学費値上げ反対の動き
1963　ケネディ大統領、暗殺
1963　森川甫専任講師、六車進子助手、津金沢聡広助手、就任
1963　リード氏講演
1963　デイビイニョ氏（チュニス大学）講演
1963　新明正道氏講演

蔵内数太の招聘

領家穣

　蔵内先生が、うんというてくれないから、「領家、助けてくれ、蔵内さんを呼びたいんだ」と萬成君がいうて来た。萬成君たちはひたすら「来てほしい」しかいわない。その頃、蔵内先生には、東洋大学から誘いがあった。田辺寿利さんが大学院の研究科長をやっていた。田辺さんと蔵内さんは、年は違うけれど、同級生で仲よかったから、東京へ行く方に傾いとった。蔵内夫人も日本女子大学を出た東京育ちで、関西の値切るという風習に馴染まない。うちの女房が一生懸命、奥さんに勧めに行くが、関西の文化が合わんかった。先生は関東に行く気になっていた。

　わたしは、蔵内さんに会って、「先生な、東京に行って、マスコミに乗れなんだら、アホに見えまっせ。先生のことだから、マスコミに乗れないとは思わないが、乗ったら最後、がたがたになるまで使われて、骨までしゃぶられますで」といった。

　「先生、関西におってみなはれ。何にもせんでも蔵内先生で通るんやで。関学に来なはれ」というたら、「そうするか」ということで、来てくれることになった。萬成君や余田さんみたいにただ、「お願いします」というのではないからな。おれなんか半分、脅迫やからね。

社会学部前広場　037

第5別館と教授館も完成　038

社会学部の4コース

倉田和四生

　関学の社会学部は、1学科で4コースというシステムになりました。理論と福祉とマスコミと産業です。理論は中核ですから多くの教員がいます。福祉は社会事業の先生がいます。産業社会学も文学部社会学科の頃からあった。その産業を担当していたのは萬成さんです。中心になったのは萬成さんですね。

　それで、マスコミなんですが、関学出身者には、マスコミに進んだ人が多かったんです。例えば、原清さんという朝日放送の会長をなさった人がいたのですが、この方と大道先生が、旧制の高等商業学部で知り合いだったようです。それから、電通、博報堂とか、それから読売とか、何かマスコミに入っていた人が何人もいて関係があったんですね。もともと、何かそういう伝統のようなものがあって、それで、社会学部を新たにつくるとき、そこに1つのコースとしてマスコミを独立させることになったんじゃないでしょうか。実際、具体的にその中心になったのは、朝日新聞社から来た方で、藤原惠（1907-1990　S 1962-1975）さんでした。藤原さんというのは、1962（昭和37）年に専任になった人でして、その前にも非常勤では、来てもらっていました。マスコミは、そんなぐあいに大体関学全体として実績を積んで来たものと、社会学科にも、いろいろパイプがあったので、新しい学部をつくるのに、それらすべて活用した。藤原さんという先生がそれらをまとめて主任になったんです。

　もう少し産業社会学コースについてつけ加えますと、産業社会学というのは、時代の要請ということもあり、コースは順調に進展しました。萬成さんが専任講師で来られたのは1955（昭和30）年でしたが、先生はいろんなところで調査をやられました。まず松下電器から始まって、いろいろな企業の社会調査をしたんです。こうして萬成さんを中心にして産業社会学コースが出来あがりました。

社会事業学科と設立時の学生たち

今井鎮雄

　1995年に国際ロータリーの理事になることが決まったのを機に社会学部の非常勤講師を引きました。1952年の社会事業学科創設前から教え始めたので、44〜45年間になるでしょうか。本当は武田建さんがアメリカでグループワークを学んで帰ってきた1962年に辞めるつもりで、今年度でおしまいね、と武田さんにいうと、「人が足りないからもう1年、ソーシャル・パソロジー（社会病理学）を一緒に講義してほしい」といわれました。

　武田さんが学生の頃、私のクラスの学生は5〜6名でした。女子学生が多く、いずれも一騎当千の人たちでした。橋本和子さんは卒業後、神戸YMCAの会員になり、結婚して神戸YWCAとも関わり、理事長も務めました。今田恵先生（第6代院長）のお嬢さんは牧師先生の奥さんになりましたね。牧師の奥さんになった方がもう1人、その息子さんが人間福祉学部の宗教主事、嶺重さんです。それに武田さんと上智大学の社会福祉学の教授になった松本榮二さん。

　経済学部の地下にある「ポプラ」という喫茶店に、全員が座れる大きなテーブル席があって、いつもそこでコーヒーを飲みながら授業をしました。アメリカで買ってきたグループワークの原書を学生が読んで訳して内容を順番に発表するという、ディスカッション形式の授業でした。アメリカで学んだこと、その教授法を自分なりにアレンジして試みていたのですが、当時としては珍しかったでしょうね。それに講師がいつもコーヒーをご馳走してましたから。そんなふうに皆でわいわいやっていました。

　学部が独立した頃から私の講義をとる学生が増えてきました。仕方がないから階段教室

藤原惠　039

藤原惠ゼミ　040

1964	東海道新幹線開業
1964	東京オリンピック
1964	学則改正　専門科目に「英語科教育法」
1964	学部長：余田博通教授
1964	熊谷一綱宗教主事、就任
1964	「社会科教育法」追加
1964	余田博通氏学院創立70周年社会学部記念講演
1964	学則改正　専門科目96単位を100単位、必修科目は外国書講読と研究演習8単位

第二章　社会学部創設のころ

社会学部創設直前のキャンパスと甲山　041

塩原勉　042

1965　ノーヴェック氏（ライス大学）を囲む会

1965　太田義弘助手、退職

1965　比嘉正範助教授、就任

1965　社会学部祭開催（講演会、研究発表会、映画会、サークル・ゼミ発表会）

1965　学則改正　「映画論」を「映画演劇論」に改正

塩原勉ゼミ（1965）　043

を使うと、いわゆる「講義」になってしまって雰囲気が変わりましたね。日本の大学のよくないところは、1クラスの学生の人数が多すぎること。夏休み明けの講義は特に人数が多くて、何人も立ったまま聴いている。事務局に「おかしいね。座れない学生がいるね」というと、「先生の講義を取っているのは50人。あの教室は60人入りますよ。50人以外は皆もぐりの学生だから通路にでも座らせておいて下さい」。教室に戻って、事務局が言うには、もぐりの学生がこの中にいるそうだけど、手を挙げてみて、というと、たくさん手が挙がるんです。甲南、関西大学、神戸女学院、関学のよその学部の学生もいました。YMCAのキャンプ・リーダーとして顔を知っている人も多かったし、そのリーダーが自分の友達を連れて授業を受けにきてるんですね。

社会学部ができたある年、片岡實さんが教室に座っていました。障害児キャンプに参加してくれた子です。前もって相談はなかったので、びっくりしました。キャンプ当時、僕が関学で教えていたことは彼も知っていたでしょうが、関学に合格して、大学生になって社会学部に来てみると、僕がまだ教えていたということですね。

様々なつながりで社会学部へ

塩原勉（Ｓ 1962-1969）

私は、新聞社を志望していましたが、結核持ちですし、体力的についていけないかもしれないと思い、他に適当な就職先もなかったので、大学院に進みました。やっぱり、新聞記者の仕事はきついので、体力的に持たないだろうと思いました。

大学院に入れば入ったで、つい居ついて博士課程までいて、単位を取ったものの就職先がなくて、満期退学して、1年間就職浪人をしていたんです。それなのに結婚したんですね。落語ではないけれど、一人口は食えないけれど、二人口は食えるとかいってね。ちょうど1年経って、もうしかたないから、中学か、高校の働き口を、本気で探そうかと思った矢先に、関学の社会学部が人を探しているという話がありました。今のような公募ではなくて、関学にこういう仕事があるからどうかという話が、先輩後輩、師弟関係のネットワークを通じてきたのです。蔵内先生のところで、長く助手をしていたのが領家さんで、領家さんは、京大の社会学科の出身だったんです。領家さんが、阪大から関学に移って間もないころでした。ぼくが、この頃、兄弟子みたいに親しくさせてもらっていたのが、作田啓一さんでした。それで、2人で一緒に、領家さんを訪ねたんです。領家先生と、作田先生は、それほど年は変わらないですね。作田さんは、関学の予科を出て、京大の社会学に行かれました。作田さんは、KGボーイだったんです。

それで、最後には、領家さんが推薦したぼくと、萬成さんが推薦した西山美瑳子さんの2人が残ったらしいんです。後から聞きましたからね。最後は、私が選ばれて、西山さんは神戸女学院に行かれました。その時、萬成さんと領家さんが、ぶつかったんです。当時の関学の社会学部は、教授会で罵りあっても、また、別の面では仲がいいんですね。ぼくが、専任講師で着任したときも、その直後に萬成さんが一席設けてくださって、西山さんと一緒に食事をしました。普段でも教授会が終われば、みんな一緒に西宮北口あたりに飲みに行って、また、飲みながら好きなことをいい合うといういい雰囲気がありましたね。授業科目にぴったりとフィットした人を探すというよりも、ひろく役立ちそうな人を探したいというそんな思いがあったんでしょうね。そういうのんびりした時代だったんです。

津金沢聡広（S 1963-2000）

津金沢聡広 044

　京大の教育学部の大学院修士課程を中退してから、毎日放送に就職し企画調査部に配属となりました。就職して、すぐ毎年、スポンサー30社で、大阪市内の1万人対象のマーケティングリサーチを2人の社員で担当させられました。ぼくらは、学部のころからずっといろいろと調査をしてきましたからね。ぼくは、後に文部大臣も務めた永井道雄先生のゼミだったんです。永井先生のゼミで、ぼくはゼミ委員をやっていました。永井先生の方針は、教育学部を出た学生は、「ジャーナリストを目指せ」でした。教育学部で学んだことを、ジャーナリズムの世界に入り、広い視野をもって、社会に問題提起して生かすべきだという考えだったんです。ちょうど、テレビができたところだったんで、チャンスもたくさんあったんです。それで、ぼくも、卒業時は、朝日新聞社と、毎日新聞社と、NHKを受けたんですが、全部落ちて1つも受からなくて、行くところがなくてしかたなく大学院に行ったんです。でも、永井先生が、途中で東京工大に移られて、永井先生がいなくなってしまって、面白くなくなったんですね。それだったら、もう一度、ジャーナリストになろうと思って、修士が終わる時に受けたんです。そしたら、今度は、たくさん通って、毎日放送に受かるは、毎日新聞も産経新聞も受かるは、どこへ行こうかと思ったんですが、これからの時代はテレビだということで、毎日放送を選んだんです。

　じつは、塩原さんとは、ぼくは永井先生のゼミで一緒だったんです。塩原さんが、ぼくより2年先輩です。ぼくが学部の時に、塩原さんは大学院の文学研究科社会学のマスターで、もう1人の社会学院生の吉田民人さんと一緒にゼミにも良くきていたので、よく知ってるんです。ぼくは、永井ゼミの幹事で、いつも歌を歌うリーダーでしたから親しかったんです。

　ところで、毎日放送の企画調査部の仕事が忙しすぎて病気になりそうになったので、京大の大学院に戻してもらえないか主任教授の重松先生に相談に行くと、関学社会学部に専任助手の公募があるということで、まず塩原さんに相談して、吉田さんに関学に応募するために徹夜で書いた論文を見てもらったんです。そしたら、これは面白いんじゃないかといってもらいました。メディア史をやりたいと自分の研究計画を書いたんです。それから、面接もあって、3人か、4人くらい応募があったみたいですが、社会調査の実績が報告書で30冊くらいあったんで、それで、助手に採用されたらしいとあとで聞きました。

　来てみたら関学社会学部は、自由な雰囲気でいいですよね。みなさん言いたいことをいっていましたから。萬成先生、領家先生をはじめ。最初は助手で教授会には出ていませんでしたから、教授会自体のことはよくわかりませんでしたが、学部の雰囲気として自由にいいたいことがいえるんで気にいりましたね。

　塩原さんは、京大の大学院生のころから、なぜ京大に残らないのかといわれるくらい優秀な方で、将来を嘱望されていたかたでした。その塩原先生がいる関学ということは、私にとっては、大きかったです。同じ広報社会学コースで、ぼくの直接の上司みたいな立場が、塩原さんでしたから心強かったですね。

　その塩原さんが理論社会学ではなく、広報社会学ですから。理論社会学の方にアキがなかったんですかね。塩原さんの前に遠藤惣一さんが来たんです。学年は遠藤さんが塩原さんより1級下です。1961年に遠藤さんが入って、1962年に塩原さんが入って、1963年にぼくが入ったんです。でも塩原さんは「お前が来てくれたから、チャンスがあったら理論社会学の方に移るよ。後を頼むよ」といってくれましたね。それで、ぼくは、助手を4年やったんですが、その間に、塩原さんがちょうど理論の方に移って、ぼくが専任講師になったんです。塩原さんの後を継いだような格好です。その頃、マスコミの方には、朝日新聞から来た藤原恵先生と、広告論をやっていて商学部から移ってきた鈴木信五郎先生（1900-1966 S 1961-1966）の2人しかいなかったんです。あと、塩原先生が広報社会学でいただけでしたから、1コースといっても人があまりいなかったんです。

1966	中国文化大革命はじまる
1966	竹内愛二教授、ヒルパン教授定年退職、宇賀博助手、六車進子助手、退職
1966	古武弥生教授、学長就任
1966	三村芙美子助手、ジョイス専任講師、清野正義助手、就任
1966	倉賀野茂事務長、就任
1966	鈴木信五郎教授、退職（ご逝去）
1966	グレアム教授、退職
1966	秋　学費値上げ、薬学部問題
1967	第3次中東戦争
1967	蔵内数太教授定年退職、本岡五男助教授、三村芙美子助手、退職

社会学部前植え込みでくつろぐ（1966） 045

第二章　社会学部創設のころ

卒業生 1

辰馬勝（同窓会西宮支部長・社会学部１期生　[在学期間　以下Ｇと表記] 1960-1964）

辰馬勝（2010年）

　私は社会学部ができたときの入学で、卒業は、1964（昭和39）年です。中・高出身で、高等部の時、新しく理学部と社会学部が新設されるという話を聞き、新しい学部のカリキュラムの中に、産業社会学のゼミを見つけ、魅力を感じました。それと、新しく出来た学部に、初めて入り、4年間学ぶ1期生になってみたいという意識はありました。この2つが、私にとって社会学部に進もうと思った理由でした。私自身が、その新しい分野で、どこまでやることができるのだろうか、と試してみたい気持ちがありました。

　産業社会学の萬成ゼミでは、直接、企業に訪問してアンケート調査なんかをしました。おそらく、先生の調査の手伝いという意味もあったんだと思います。でも、そうやって、何度も企業を訪問してアンケート調査をしたことで、社会とか、企業というものが、どういうものかわかり、非常に新鮮に感じました。そんな企業の中に入るなんて、初めてのことでしたから。それは、記憶に残っていますね。ゼミで行ったのは、近くでは森永製菓、それから、松下電機、あと（調査の）アルバイトでも企業にいったりして、とにかく企業との接点は学生にとって、非常に新鮮でした。その他では、マスコミ関係の授業なんかも面白かったですね。あと、先生で、個性的だったのは、田中國夫先生（Ｓ 1960-1993）ですね。ざっくばらんなところが魅力的でしたね。私は勉強もさることながら、運動も好きでした。中・高はテニス部で、大学では航空部に入りました。

　卒業してすぐに竹中工務店に入り、ずっと竹中工務店です。定年してから、自分の会社を設立しました。

　息子も関学中学部に入り、中学部の後援会会長になりました。私の父も、息子も、3代関学だったので、中学部副部長だった尾崎八郎先生に頼まれ、学院の広報室の企画で、週刊朝日にも載せていただきました。私が、中学部に入ったころは、矢内正一先生が中学部長で、矢内先生の話には心酔しました。矢内先生はとにかく慈愛に満ちた目線で、物事をみておられました。厳しい人ですけど、優しさの中に厳しさがあるというか、例えば、中学部の受験で不合格になった受験生にも、励ましの手紙を出されたそうです。日常でも、毎朝、上ケ原の校庭の周りをランニングしていました。授業前に。我々は、そのランニングコースを矢内コースと呼んでいました。その当時は、車も少なく走りやすかったですし。今は、車が多いですよね。矢内先生が、他所に移られてからも中学部の駆け足の伝統は続いていたと思います。

　私どもの1期生は、現在、68歳（2010年3月の取材時）ですが、まだ元気で、現役の社長が私が知っているだけで、7～8人います。現役で働いている者も多い。同窓会活動でも、吹田支部長、京都支部長、西宮支部長、堺市は副支部長をしています。来年くらいには、堺も支部長になるでしょう。それから、関学体育会でも、硬式野球部、カヌー部、フェンシング部のOB会長は1期生です。それから、航空部は、私が名誉会長です。同じ学部学年に、これだけ固まっている例は、聞いたことがありません。ともかく、社会学部1期生は、非常に元気な方が多いということはいえるでしょう。同窓会の学年総会でも集まりがいいし、「1期生になりたいから社会学部に来た」という連中は、進取の気性に富み、独立心、向上心が強く行動的だったと、結果からみるといえるのではないでしょうか。自分たちが頑張って歴史の一ページをつくるんだという想いは、多くの一期生が持っていたと思います。それが、ひいては、OBになっても、いろいろな繋がりの強さに繋がってくるんでしょう。

　私どもは、関学は関西私学の一番であると思っていますが、どうも最近ではそうでもないというような情報も耳にします。順位が下がってきていると聞くと残念な気はします。

　社会学部については、この分野では日本一だというゼミをつくってほしいと思います。先生方は頑張っておられると思いますが、できればこの研究では、世界中どこにも負けないというゼミを、1つや2つはつくってほしいと思います。そして、日本で通用するだけではなく、世界で通用する人材を、ぜひ、輩出してほしいと思っています。

中学部生の辰馬勝　週刊朝日より

前列左から2人目が辰馬勝

卒業生2

高坂健次 (Ⓢ 1985-　Ⓖ 1962-1967)

高坂健次 049

　私は、大社中学校から、関学の目の前の県立西宮高校に入りました。そこから、社会学部に入りました。3期目の入学生になります。社会学に関心を持ったきっかけは、10歳上の兄の存在です。その兄は同志社大学の社会学部にいたんです。兄が専攻していた社会学というものについて、こんな先生がいるとか、こんなことも専攻できるとか、断片的に教えられ、関心を持っていきました。高校生の段階で、他の学問に対するよりも、社会学に親近感を持つようになり、関学に行くなら社会学部に行こうと思うようになりました。

　社会学部に馴染みはあったけれども、実際に入ってみると、難しくてよく分からない。2年生になって、領家先生の社会調査法の授業を受けたんですが、これもまったくわからない。

　今の基礎ゼミにあたるものが、その当時はクラスと呼ばれていました。60人が語学の1単位で、その半分の30人が1つのクラスでした。私は、たいへん幸せなことに、塩原先生が担当しておられるクラスに入ったわけです。もうほんとにいい先生にあたったなと思います。当時は、全教員が共通のテキストを使っていました。マッキーバーの『コミュニティ』という有名な本があったのですが、その本から抜粋してタイプ打ちをしたようなものが教科書でした。塩原先生が関学に赴任されたばかりで、先生としても最初に担当した学生ということで印象が深いクラスだったようですが、いろんな意味で親しくなりました。塩原先生が京都に詳しかったので、京都を案内してもらったりとか、コンパをしたりとかで、たいへん楽しいゼミでした。当時、中津浜線と171号線の交差点から、10mほど西に入った若山町というところに塩原先生は住んでおられたんです。そこに夏休みに、ゼミの30人全員が遊びに行ったりしました。私は3月生まれの早生まれで、文字どおりの最年少で、30人の中には浪人して背広を着てきている人もいて、私のように学生服を着てきているものとは、大人と子供と言ったら言い過ぎかもしれませんが、少し年齢差とかがありました。それにもかかわらず、みんな親しくしていて、そのわからない大学の授業の支えでした。

　3年生になるとき、蔵内先生のゼミを勧められたりもしたんですが、結局、塩原ゼミに入りました。塩原先生の専門は、組織論とか社会運動論だったのですが、先生は、4つのコースの中の広報コースの担当だったのです。今でいえばメディア論ですよね。その広報社会学を塩原先生は教えていた。そのゼミで最初にやったのが、岩波全書の有名な清水幾太郎の『社会心理学』。これをみんなで読んだ。それがまた、難しいんです。清水幾太郎は文章がたいへん上手で、美文調で、読ませるんですよ。テーマは、大衆社会論。マンハイムという学者の言葉なんですが、「甲羅のないカニ」という言葉が出てきます。マンハイムは、「大衆社会の中において個人は、『甲羅のないカニ』のような存在である」と書いてあった。ようするに個々人が横のつながりもなく無防備に一方的にマスコミなどからの影響を受け、悪くするとナチスのようなものの宣伝に乗ってしまう。そういうイメージでした。そういう議論をするのが、大衆社会論でした。

　私にとっての問題は、その「甲羅のないカニ」という言葉でした。今だったら、ホームレスの方とかを思い浮かべたりするのかもしれませんが。身の回りを見渡しても「甲羅のないカニ」のような人はいない。いったいなんのことを指しているのか。でも、清水幾太郎さんは、マンハイムのその言葉を引いて、現代社会は「甲羅のないカニ」のような人間から成り立っていると書いている。でも、なにかおかしい、納得できないんです。

　それで、3年生の夏にその若山町の塩原先生の家を1人で訪ねていったんです。塩原先生に「せっかくゼミに入れていただいて、自分なりに努力もしたけれども、敷居が高すぎると思うのでゼミを辞めたい」と相談に行きました。夕方の早い時間でした。今でもよく憶えています。私だけのために先生の貴重な時間を何時間も延々と占有したのですから、たいへん気の毒で、申し訳ないことをしたと思います。当時の塩原先生はヘビースモーカーだったのですが、私がする話をずっと聞いてくれて、見る見るうちに灰皿にタバコが盛り上がってくるんです。それを奥様が取り替えてくださって、また灰皿にタバコが山盛りになっていく。その間、私の話をずっと聞いてくださった。偉い先生ですよ。

　ずっと話を聞いてから先生が出した結論は、今、ゼミを辞めてしまわなくてもいいだろう。もし、遅れるとかいうのだったら、4年生になってから遅れたらいいだろうというものでした。お暇するときにはもう夜でしたよ。

写真コラム　# 社会学部懇親旅行

天橋立と宮津　1962(昭和37)年7月17日

売店前で 050

日陰で休息　左から丹羽春喜、牧正英、小関藤一郎、嶋田津矢子、
1人おいて、倉田和四生、津金沢聡広、鈴木信五郎 051

浜辺で

左から鈴木信五郎、丹羽春喜、倉田和四生、竹内愛二、前列山中良知 053

鈴木信五郎

飛騨高山と立山　1965(昭和40)年7月2-4日

合掌造りの民家前で　055

田中國夫、熊谷一綱　056

雪の残る立山　057

岡山県高梁市　1966(昭和41)年7月1日

左から萬成博、丹羽春喜、杉山貞夫、熊谷一綱、塩原勉　058

田中國夫、領家穰　060

蔵内数太　059

27

第三章 大学紛争の中の社会学部

大学紛争そのはじまり

順調にスタートした関西学院大学社会学部であったが、次第に時代の大きなうねりに巻き込まれることになる。「いざなぎ景気」と呼ばれる高度経済成長を達成した日本では、大学の大衆化が急速に進み、1960年には63万人だった学生数は、10年後には140万人以上に増加した。その多くを受け入れた各地の私立大学では、学費値上げ問題や、学生寮・学生会館の運営などの問題に端を発して、紛争が相次いで発生した。各大学は、学生側が提起した問題に対して十分応えることができず、亀裂は大きくなっていった。

関西学院大学も例外ではなく、1960年代に入ると、理事会による新学部設置や学費値上げ案に対し、学生は反対を表明した。とくに、1967（昭和42）年12月7日の学費値上げ決定に対して、学生たちの反対運動が急速に燃え上がっていった。

この学費値上げ決定に対して、社会学部自治会は定例学生集会を開催することを要求し、学部教授会は、これを許可した。1967年12月14日、この学生大会においてスト権確立の投票が行われ、投票者1,153名中、賛成616票、反対502票で、スト権が確立された。そして、1967年12月19日、文、法、商学部の自治会とともに、学部のバリケード封鎖による無期限ストライキが実力行使された。

年が明けて、1968年1月、学部共闘会議代表と、教授会からは余田博通学部長、領家穣、塩原勉学部対策委員が会見を続け、ストを中止し、バリケードを解除するように説得を行った

ストライキ中 061

学生集会 062

最初の学院本部封鎖

塩原勉

　関学の紛争の最初の突出した出来事は、1968年3月28日の卒業式の当日、学院本部の建物を学生が封鎖したことでした。正門入ってすぐ左手の建物ですね、ここに学生が飛び込んで封鎖してしまったんです。1967年末に、授業料値上げを学院が発表したことに発端があります。学院の理事たちが、授業料値上げやむなしということを学生に告げたんです。そうすると、学部共闘会議という組織がつくられ、文、社、法、商の各学部が封鎖されたんです。とくに、社会学部だけが、突出したということはなかったと思います。ただし、社会学部は、そのストに対する処分がきつかったんですよね。全学で11人中7人と、退学者の人数も多かった。

　今から思うと、領家先生の発言の影響力は大きかったと思いますね。つまり、彼ほど、学生のことを思っている、学生のことを好きな先生はいないんです。学生が少々無茶苦茶なことをしたとしても、それを受け止めるだけの太っ腹なところがあるんです。だけどねえ、領家さんの論理は一種独特のところがあって、学生のいい分もわかるけれど、「彼らは、ぼくらの教育の領域からは自由になった。だから、ここにいる理由はないんだ」という。彼らは、自分の判断で枠を超えたから、ここにいる意味はないんだという主張なんです。とにかく、人の意表を突く議論なんですが、学生のいい分を受け入れる気持ちがある教員たちが、その領家さんの発言に揺さぶられたんですね。とにかく教育の現場の可能性を超えているという話です。教員たちもみんな悩んでいて、その発言で、みんな揺さぶられたところがあった。今から思うと、それは良かったのかどうか、ちょっとわからないですね。

封鎖された学院本部 063

1967　保健館竣工

1967　佐々木薫専任講師、杉本照子助教授、春名純人専任講師、シャイマー教授、紺田千登史専任講師、就任

1968　自治会に解散命令出す

学生自治会解散命令

水川元（G 1965-1969　豊中市上下水道事業管理者）

　当時、社会学部が学生自治会解散命令を教授会で決定し、発表したんです。教授会としては、「学生自治会とは何か、よく考えてみなさい」と問いかけるために学生自治会解散命令を出したんです。領家先生が、「なぜ、解散させたのか」を、学生自治会の学生だけでなく学部全体の学生に向かって、あの体で、あの声で、まっ赤な顔をして、学生と対峙しながら、問いかけて演説されていたことを、私は今でも憶えています。「学生自治会とはどうあるべきなのか？
　今の状態は、学生自治会が本来あるべき状態とはちがうだろう」と。
　「学生自治会とはどうあるべきか、大学で、学生として学ぶべきことは何か？　何のために学問をするのか？　自分たちで追求しなさい」、「それが、追求されないような自治会ならいらない」と。

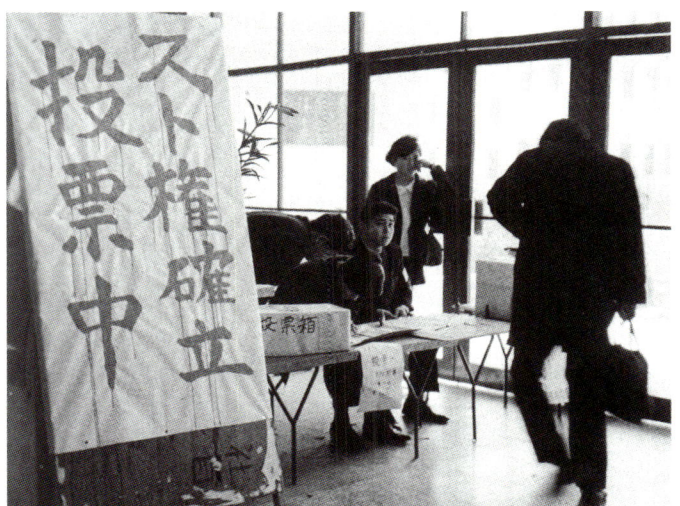

スト権確立のための投票（1967）064

第三章　大学紛争の中の社会学部

1968　社会学部学生集会

1968　学部全館封鎖

1968　卒業式打切り、本部占拠

1968　学部長：杉原方教授

1968　清水盛光教授、宮田満雄専任講師、国歳眞臣助手、稲継尚助手、就任

1968　ゼミの選択制実施（履修しない者　3年29名、4年7名）

1968　外国人教員：グラッサー氏（ミシガン大学）をフルブライト交換教授として招聘

　学部共闘会議の代表と、教授会との議論は平行線をたどり、交渉は打ち切られた。社会学部自治会による学生大会が1月17、22日と開催され、ストとバリケード封鎖を解除するか、否か、の投票が22日行われ、解除725票、封鎖継続500票、で解除決議がなされた。

　教授会では、1月22日、社会学部自治会解散命令を出し、続く25日の教授会において、学部の秩序を著しく乱したものは退学処分にすることを全員一致で決定した。

　ストは、2月27日、70日ぶりに解除され、3月22日、社会学部教授会は7名を退学処分とした。

退学処分のいきさつ

領家穣

　7名の社会学部の退学者のうち、4人が領家ゼミや。辻善則（社会学部自治会長）の場合、「あいつは退学ささないかん。自分でやったことに責任取らせないかん」と教授会で主張したのは、わしなんや。「おまえらな、ここの学校が間違うとるというのは、おまえらのいうことも間違いとはおれ思わんのや」。「だけど理論闘争でいうんならわかるけどな、籠城してでも実行せえというようなことをいうんだったら、おまえその学校で卒業証書もらう気か」というて、「おかしいやないか、別の学校をつくれや。おまえらの望みどおりの学校をつくるべきや」というたんや。だから、それはもう退学しかないがなといって、全員退学や。

1968年3月28日卒業式当日のデモ行進　©朝日新聞社

1969年1月24日全学集会

追及集会となった全学集会　1969年2月27日

紛争の拡大

ストを指導した学生たちへの処分に反対する学生たちは、1968（昭和43）年3月28日、卒業式当日、学院本部を占拠し、院長・学長を監禁、卒業式の開催を不可能とした。この事態を見ていた一般学生（体育会を中心とした）と封鎖学生との間に乱闘が起こった。大学は、人命の危険を避けるため、機動隊の出動を要請した。スト学生の処分と、この時の機動隊導入が、いわゆる「六項目要求」の一部となって大学紛争は拡大していった。

学院本部封鎖の状況

領家穣

　卒業式（1968年3月28日）のときに問題が起こったんや。学部長と学長はみんなが学院本部におった。そこへばっと、学生たちが入ってきたわけや。そのときにだれか1人でも実戦の経験を持ってる人がおったら、外へ出ようというたと思うのや。こんなとこへおらずに外へ出て話をしようといったらそれで済んだと思うのや。ところが、先生たちは、みんな震え上がったわけや。

　それで、そこへ（誰か教職員で）今度は体育会学生を動員したやつがおるわけやろう。今度はその中へ入っていった学生連中が、体育会学生に包囲される形になってしもうたんや。そうすると、両方とも戦争の経験がないから、どうしたらいいかわからんのや。戦争の経験のないやつというのは実際に怖いんや。おれなんか日中戦争に行ったとき、ノモンハン事件の生き残りなんていうやつが、部隊にはいっぱいおったんやから。そういう連中は、むだ弾は使わへんのや。最後の最後まで、確実に倒せるところまで待っとるんや。そういう場数を踏んだ本当の強いやつというのは、じっと辛抱して待てる。だから、話もできるのや。逆に言うたら、話も何にもしないという連中は、そういう経験のないやつということや。だから、中に閉じ込められたやつが、包囲した体育会の学生に向かって手あたり次第に物を投げるというようになる。あれは要するに、塹壕に入って銃をこうやって上に構えたままで、弾のある限り、撃っている限り安心やと思ってるんと一緒なんや。相手を倒すなんていう意思はどこにもないんやからな。弾を撃っている間、何とはなしに安心感があるというのと似たようなもんや。それやから、あんな便所のタイルまで剥いで、中から投げたというやつまでが出てくるわけや。

1968年12月、新しく学生によって組織された全共闘会議の代表によって「六項目要求」が提出されるまで、キャンパスはしばしの小康状態を保っていた。「六項目要求」の内容は以下の通りだった。
①2年連続学費値上げを白紙撤回せよ。
②不当処分を撤回せよ（スト指導者の退学処分）。
③機動隊導入、捜査協力に対して自己反省せよ（大学の自治を犯した）。
④文学部学科制、全学部カリキュラム改編を白紙撤回せよ。
⑤学生会館の管理運営権を学生の手に委ねよ。
⑥以上の5点について大衆的な団体交渉に応じよ。
学院側の回答は次の通りだった。
①財政やむをえない決定であり、撤回しない。
②処分は学部教授会の責任と権限であり、院長、理事会は干渉しない。
③生命の危険が憂慮されたため、やむをえない処置であっ

社会学部前でのデモ 068

第三章　大学紛争の中の社会学部

1969　東大安田講堂の封鎖解除
1969　小寺武四郎教授、学長代行に就任
1969　学部長代理就任：定平元四良教授
1969　卒業式取りやめ、卒業証書郵送
1969　学部長：山中良知教授
1969　小寺学長代行、院長代行兼任に就任

た。刑事事件の捜査は拒否できなかった。
④大学教育をよりよくするためのものであり、学部教授会の努力の結果である。
⑤これまで学生中心に運営されており、管理面で大学と学院が協力してきた。
⑥既設の全学連絡会議で話し合う用意がある。

　12月19日、社会学部学生自治会は、法学部、文学部とともに「六項目要求」の遂行を求める1日ストを行った。あけて1969（昭和44）年1月7日、午後5時過ぎ、第5別館が封鎖され、1月17日、午前零時、学院本部が封鎖された。
　こうした事態の打開のため、1月24日、午後1時から中央講堂にて、全学集会が開催された。全共闘学生約500人、一般学生約5,000人が参加し、「学費改定後の学院財政」と「公開質問状、団交要求に対する回答」を記載した文書が配布され、熱心な討論が続いたが、事態に進展は見られなかった。
　そして、1969年1月26日、午後3時ごろ、社会学部も封鎖された。1月27日、古武弥正学長（1912-1997）が業務遂行できなくなり、小宮孝院長（1902-1975）が学長代理を兼任することになった。ほとんどの校舎がバリケードによって封鎖され、学年末試験の実施については、教務主任に一任されることとなった。
　学年末試験の粉砕に成功した全共闘は、次の目標を入試粉砕に向けるにいたった。2月5日、入学試験自主防衛のため、教職員150名は、試験会場となる体育館、高等部、中学部校舎に泊まり込んだ。社会学部教員は、高等部で夜を過ごした。

社会学部の体制

倉田和四生

　入試というのは、学校にとっても一番大事ですから、院長、学長ともに必死になってそれを完全に実施しようとしてましたね。そのときに学部執行部の4人がどういう役職だったか言うと、学部長が杉原さん、田中國夫さんが学生主任、定平元四良さん（1920-1994 Ⓢ 1960-1989）が教務主任、私は教務副主任だったわけです。学生副主任が遠藤君だった。そのときの社会学部の入試委員長というのが領家さんだったんです。

1969年1月17日学院本部封鎖

入試前夜の攻防

領家穣

　２月６日夜やった。社会学部の執行部の先生たちは、高等部（旧高等部は現在のサッカーグランドにあった）の柔道場に泊まってたんや。職員室ではストーブが燃えとったけど、動員されとった体育会の連中にはなにも防寒設備はなく、寒くて居り場がなかったんや。そしたら体育会の連中は何するかいうたら、全共闘の立て看板を片っ端から燃やすわけや、寒いから。それは全共闘学生への敵対行為よ。まるでな、挑発するんと一緒や。それで、全共闘と体育会学生が衝突したというから、飛び出していったんや。出ていったのは、おれ１人だけやった。それで、その体育館横の築地を超えたところで学生たちにつかまったんや。それでおれが、「おまえらが文句いうんやったら新しい学校をやろう。学生同士が何でもめんならんねん」というて。学生同士がもめとるのやから。そしたら、「おまえはそんなこというけど、それやったらおれらのところへ来ていうか」というから、「いつでも、どこへでも行ったる」いうたんや。あれ外人部隊（学外の者）やら入っとったんやと思うのや。まるで神武天皇、御東征時代の兵隊みたいな格好したやつがざっと来たんや。そのうちの１人が、鉄パイプを柄の方に持ち替えて、２、３回、腹を突いて来たんや。それで、ネクタイをこうやってとられて両腕とられてな。それで体育館の前まで来たら、体育館の内からホースでバーっと放水していて、外側から全共闘の占拠している連中が石やら火炎瓶やらを投げ込むということをやっとった。そこでおれを捕まえとった連中みんなも手を放してぱっとそっちに行ったんや。

　それで、その間にずっと黙って少しずつ後ずさりして築地の影に入ってから、駆けて高等部まで帰ったよ。だけど、その時の腹の傷は、外套を着てる上から突かれたんやけど、３年あざが消えなんだからな、やっぱり物すごい気が立っとったんやと思うわ、向こうも。

　それで、杉原さんが学部長やっとった時やったけど、これはもう終わらへんからすぐ逃げようというて、社会学部の入試が終わってから、おれは琵琶湖の西の病院へ、腸内出血しとったから入院したんや。それで、半年入院して帰ってきたら、もう全部片づいとったから、この後のことは、おれは何にも知らん。

　入試期間中、機動隊が警備のために学内に入り構内で分散待機していた。経済、商、法学部に続き、２月12日、社会学部の入試が終わった。その間、機動隊と全共闘学生との衝突から、全共闘学生58名が逮捕された。

機動隊と揉み合う学生（1969）

1969年２月７日　機動隊に守られての入試　©読売新聞社

第三章　大学紛争の中の社会学部

辞表を握りつぶす

倉田和四生

　社会学部の入試の後の混乱のなかで、学部長の杉原さんと、それから入試の実行委員長の領家さんが2人でね、私もそばにいたんだけど、「もう辞めじゃ」と辞表を持って、2人で小宮孝院長のところに、出しに行ったんです。もとの大学の本館のところに持っていったんです。それで私はびっくりして、これは大変なことだなと思ったから、すぐに2人の後を追いかけていったんです。小宮先生のところに行ってみたら、もう2人はいなくて、もう2人とも辞表を出して行ってました。それで、私は「小宮先生、ちょっと待ってください。辞表をちょっと私に返してください」といって返してもらって、2人の辞表を私の懐に入れて握り潰すのに成功したわけです。それ程までに緊迫した状況でした。

　杉原方学部長の不在、領家穣入試実行委員長の入院という入試実行責任者の空白を、丹羽春喜、杉山貞夫、武田建助教授がイニシアティブを取り、学部教職員の協力の中で入試採点作業を遂行した。

　1969（昭和44）年2月14日、理学部入試の終了とともに機動隊は引きあげた。6日から14日までの警察官の負傷者は、377名にものぼった。

　機動隊が引きあげると再び上ケ原キャンパスは、ほとんどを全共闘学生に占拠された。

　大学は本格的に紛争解決の方途を探りはじめた。大学によって、全学集会の提案がなされ、2月26、27、28日の3日間、新グラウンドにて、午後1時から、新しい大学のあり方の提案を行うことが決められた。2月26日、学生には『関西学院大学の存廃をかけて、われわれは提案する』というパンフレットが配布された。参加学生は、約5,000名。会場は、全共闘系学生の各セクトを示す色のヘルメット、鉄パイプ、旗に彩られ、騒然とした雰囲気に包まれていた。

　小宮孝学長代理を先導する田中國夫学生部長の手にしていたマイクは、グラウンド入場と同時に全共闘学生に奪われ、教員側の発言は封じられた。以後、集会は、全共闘学生による小宮学長代理の責任を追及する弾劾集会へと突入していった。新グラウンドでの集会は、日没とともに打ち切られ、会場は中央講堂に移され、小宮学長代理への激しい弾劾は、午前1時10分まで延々と続いた。同様の集会は、翌日も、12時からドクターストップされる午後9時50分まで続けられた。ここにおいて、教職員、一般学生は全共闘学生のいう大衆団交というものの実態を改めて実感した。それは、学生と教職員との対等な立場での対話ではないことを理解したのだった。

　翌日、28日、社会学部は、杉原方学部長に代わり、定平元四良教授を、学部長代理に選んだ。

　3月3日、小宮院長・学長代理は、『全学生諸君へ—院長・学長代理を辞任するにあたって—』を教職員・学生に郵送し辞任した。

　3月19日、経済学部の小寺武四郎教授（1912-2006）が、学長代理に就任した。

全学集会

各国の学生運動

萬成博

　関学の全共闘の学生たちは、どういうふうな意図で、どういうふうに組織されて、全国的な組織にどう連なって、それから党派がどのようにあったのかというのを当事者の学生たちに一度聞いてみたいと思っています。もうそろそろ過激な学生運動の本当の理由を語ってもいいんじゃないかと思っているんですけどね。

　大学紛争というのは、当時、まずフランスでも起こっているわけですね。アメリカでも起こっているわけですよね。アメリカはベトナム反戦運動と絡んで起こっているわけだけれど、根本は1966年の要するに毛沢東の文化大革命の影響を受けているということです。毛沢東が世界革命戦略をとったわけです。毛沢東主義とかいう、それの余波があるというふうに、当時、学生副部長をしていた小島吉雄さんが、「あんたのように血気にはやって反対したらテロに合うからだめだ」と、この学生運動は、この国際的な共産主義の中で、そういう武闘派の流れの組織の影響があるといっていました。

大学の機能マヒ

塩原勉

　大学は学部自治の文化が強くありましたから、学部でいろんなことを決めて、ちょっとずれている点は、大学が全学の評議会で調整するという仕組みなんです。関学もそうです。日本の学校は、そういうやり方だったんです。でも、紛争で封鎖されて授業はないし、大学評議会は、機能マヒの状態に陥った。全学的にその状態が広がっているから、大学評議会も、何ひとつ意思決定できなくなってしまった。1969年の2月になると、大学全体の中で意思決定できる機関がどこにもなくなってしまったんですね。これが、最悪の状態で、攻める方の学生たちも、大学の方がそういう状態だから、どこをどう攻めていいのかわからないんですね。だらだらと第5別館に閉じこもっていても、らちがあかないんですよ。

入試期間中一度解放された第5別館
1969年2月10日　機動隊が引きあげると再び封鎖された

社会学部前バリケード

第三章　大学紛争の中の社会学部

紛争の収束

大学側は、真剣に学生と向き合い、紛争を終結させるべく動き始めた。

1969　事務合理化専門委員会発足

1969　社会学部改革委員　山中、小関、西尾、藤原、萬成、倉田、丹羽、熊谷、牧、張、光吉、杉本、佐々木、紺田

1969　アポロ11号月面着陸

大学の対応

塩原勉

　1969年のある時、まだ寒い2月頃だったと思いますが、突然、呼び出されたんです。まだ、全学の封鎖が続いている真最中です。宝塚大劇場に向かう花道の桜並木がありますよね。そこに幾つか旅館があるのですが、そこの1つに突然、来いというんです。何かと思っていってみたら、大学の学生部長をしていた田中國夫さん、学院の総務部長をしていた定平元四良さんと、教務部長は、文学部の塩谷滋さんだったかな、それから、文学部の心理学の新浜邦夫先生たちがいて、とにかく紛争を解決することを任務とする特別の委員会をつくるから、「参加してくれないか」という話だったんです。それは、後に特別調査企画委員会、略して特調委とよばれる委員会なんです。学生部長、教務部長と、各学部から、比較的若い世代で、なんといいますか学部で意見を通せそうな連中をピックアップしたんですね。たまたまぼくは、社会学部の中から選ばれたんです。経済学部からは、後に図書館長を長く務めた田中敏弘さんが、文学部からは新浜さんが出た。そこのあたりは、田中國夫さんと定平さんが構想した話だと思います。理学部からは、今村勤さんが来ました。法学部からは、だれも出なかったと思います。法学部は学部内で揉めていましたから。ですから、すべての学部から出たわけでもありません。

　全学が封鎖されていましたから、西宮北口から歩いて数分のマンションを借りて、そこに朝から晩まで詰めたんですね。当時の左翼の言葉でいうと、アジトです。階段を挟んだ反対側では、事務職員も詰めていました。そこで何をやっていたかというと、とにかく当時は、今のようにインターネットで学生と大学がコミュニケーションをはかるということなんかできないわけですから、連絡は手紙の形でしか全体には伝わらなかったんです。ですから、「大学が今何を考えているのか」、「この3月に卒業するためにはどうしなければならないのか」、とか、そういうものを郵送するんですが、そこには、何を折り込んで入れるべきか、大学の状況をどう伝えるのか、それで、学生にこちらが提案し、選択をしてもらって、その意思をこちらまで伝えてもらわないといけなかったんです。そういう意見を、汲み上げないとどうにもならなかった。

　当時の私たちは、機動隊を動員して、強制的に封鎖を解除したらいいなんて、まったく考えていませんでした。ぼくは、特調委に入る条件として、「いわば、山火事が起こっているような状態だから、火の周りだけで対処するのではなく、遠巻きに大きく山を取り囲むような対策が山火事に対する常識だろう。紛争の解決でもそのように考えて、大きく外側で紛争が生じないような条件設定をして、それで、具体的な対応をしないと紛争は解決しない。そのように対処してもらえるのならば参加します」ということを求めました。それは、ぼくだけではなく、特調委に集まった人たちは、共通認識としてもっていた考え方でした。つまり、足元の火を幾ら消してもダメだと、機動隊を導入して封鎖解除だけをしてもダメだと考えていたのです。

　田中國夫さんは、意識調査の専門家でしたから、『廃校するか、否か』（アンケートその一）というようなDMを全学生に送付したんです。それで、学生たち1人1人に「あなたはどう思うか」という意思を確認することと、とにかく山火事を消すために、遠巻きにして木を切り倒すことを、同時に進めていったんです。

バリケードで閉ざされた正門 075

4月7日、送付したアンケート（その1）の結果がまとまり、公表された。全学生数約13,000名中、有効回答率は50.5％で、6,606名の意思が示された。そして、ほとんどの学生が関西学院大学の再生を願っていることが判明した。廃校を望むものは、92名に過ぎなかった。改革の手段として、全共闘学生のバリケード封鎖を支持するものは、6％にすぎず、封鎖反対は、94％に達した。

　また、社会学部は、4月から、正式に新学部長に、山中良知（1916-1977 Ⓢ 1960-1977）を選出し、レポート試験に切り替わらなかった後期試験を、三田市の現在の湊川女子短期大学の校舎を借り、4月27日に行った。

荒らされた研究室　076

秩序回復への終始一貫した姿勢

倉田和四生

　他の学部は怖いものだから、ほとんど何も実施しなかったけれど、社会学部は妨害されても学務を実行しました。それをやっぱり一番中心になって進めたのは、萬成先生でした。萬成先生が、首尾一貫して、「何が何でも秩序を回復するんだ」と実行したから、結局は全学的によくなってきたんですよ、徐々に。まだ、キャンパスが占拠されてるときに、社会学部では三田で、後期試験を実施した。よそはどこもやれなかった。

　三田に、湊川女子学園という学校があった。相野という、ちょっと離れたとこやけど。どこに頼みに行ってもよそは受けてくれなかった。みんな、もう関学といったら、ごめんだといって、大きな会場は貸してくれないわけです。たまたま、そこの湊川の女性理事長が「いいですよ」いうて引き受けてくれ、そこでやったんです。

　僕は、前の晩から泊まり込みでそこに行ったら、その日から県警の刑事が1人やってきて、準備していました。

　翌日社会学部の後期試験を実施しました。すると、キャンパスからわざわざ全共闘の学生たちが出てきて、三田の我々の後期試験の会場にまで、試験をつぶしに来ました。県警の人は前の晩から、いろいろ打ち合わせて、どういうぐあいに来るだろうと予想し、来る場合は、どんなぐあいに対応するといって、事細かに決めていた。そしたら本当にやってきたんです。

　警官は無線で連絡するから、「上ケ原を何名出発しました。どこで切符を何枚買って」という具合に、どう動いてきているか逐一わかってるわけです。会場には県警の物すごい仁王さんみたいな、機動隊の荒武者がいるわけです。彼らが隠れているわけ。全共闘学生たちは、キャンパスの中では自分たちの天下やと思って振舞っている。そんな調子でやってきたわけです。ところがそこに隠れていた仁王さんみたいな機動隊員たちは、物すごい勢いで、もうあっという間に学生たちをけとばし、なぎ倒して、溝の中にけり込んでしまいました。私達はやっぱり教員ですから、学生があまりひどくやられたらかわいそうと思うわけです。なんぼ無法学生と言っても、元々は自分らの学生だから、もういいかげんにしてくれと思いました。それぐらいに学生たちはやられた。学生は一生懸命に逃げました。そこで学生達も、キャンパスの外だったらえらい目に遭うということを、自覚したと思います。

　しかしこれが1つの転機になって、他の学部でもキャンパス外で試験を実施するようになり、次の第5別館開放なんていうこともできるようになったのです。いずれにしても、社会学部は、何が何でも秩序を回復する、という姿勢を終始一貫持っていました。

ゲバ棒を振りかざす学生　077

学長代行提案

塩原勉

　それで、とにかく、「今、大学では何ができるか」ということをちゃんとまとめて、全学に示そうとしたんです。それが、後に『学長代行提案』としてまとまったんです。あれには、もうずいぶんエネルギーを使い果たすくらい考えに考えて、つくりました。

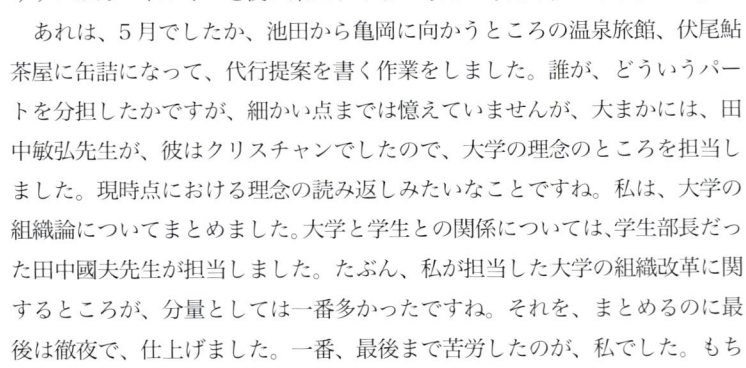

　あれは、5月でしたか、池田から亀岡に向かうところの温泉旅館、伏尾鮎茶屋に缶詰になって、代行提案を書く作業をしました。誰が、どういうパートを分担したかですが、細かい点までは憶えていませんが、大まかには、田中敏弘先生が、彼はクリスチャンでしたので、大学の理念のところを担当しました。現時点における理念の読み返しみたいなことですね。私は、大学の組織論についてまとめました。大学と学生との関係については、学生部長だった田中國夫先生が担当しました。たぶん、私が担当した大学の組織改革に関するところが、分量としては一番多かったですね。それを、まとめるのに最後は徹夜で、仕上げました。一番、最後まで苦労したのが、私でした。もちろん、その我々がまとめたものを、みんなで目を通していますし、最後は、小寺先生が全体に手を加えておられます。ですから、そのままではありませんが、元の文章は、私が書いた部分が多かった。それが、できた段階で、5月7日、兵庫県県民会館で開かれた全教職員集会において、まず、教員に読んでもらって、意見を聞きました。

　この『学長代行提案』には、関西学院大学の理念、教育・研究とその問題点、組織における意思決定と経営、学生の自治と参加、改革の実現に向かっての具体的な提案が、週刊誌判冊子に5万字にわたって綴られていた。

　それから、結局、小寺さんが、こういう方針で行こうということで腹をくくって、「とにかく大学は改革の方針を決めたから、自主的に大学の封鎖を解除してほしい」と呼びかけ、6月9日、王子競技場で、全学集会を開きました。梅雨が近かったので、天気の長期予報も調べて、雨の少ない日を決めました。幸い雨は降りませんでしたが。

　学部ごとの対話集会などを経て、6月9日、ついにその日が来た。学院発祥の地、神戸・原田の森に隣接した王子陸上競技場において、改革結集集会が開かれた。スタンドを埋め尽くした学生数は約9,500名だった。

1969年6月9日全学集会

塩原勉

　全学生に呼びかけていますから、きっと全共闘の学生も来て、我々、特別調査委員会は標的にされるだろうと予想していました。もちろん、事前に警察にも連絡して、万全の警備を頼んでいましたが。我々は、機動隊を頼んだら、すぐに来てくれるものだと思っていましたが、専門の機動隊員は、じつは少数しかいなくて、大量動員のためには、全県の各署や派出所などから、応援の人を出してもらわないと、大規模な動員はできないんですね。ですから、その時も、豊岡なんかの遠くの交番の警官が、王子まで来ていましたよ。1食、パン1個とかでね。警察は、警察でたいへんなんですよ。訓練された精鋭部隊は、極少数しかいませんからね。関学の紛争は、阪神間の大学の中でも、大きい紛争でしたから、

王子陸上競技場での改革結集集会に乱入した全共闘派学生 1969年6月9日

学長代行提案

県警としても、力を入れざるを得なかったんです。機動隊にガードしてもらって、全学集会を開催したんですが、集まった学生諸君にとっては、どうだったのか、よくはわかりません。ただ、全学集会をやったという実績に意味があったんですね。

とにかく、『代行提案』をまとめ、その全学集会を成功させることが、特別調査企画委員会の役目でしたから、小寺先生が、手を振って退場し、全学集会が終わり、バリケードの中の控え室に戻った時、特調委の委員長だった新浜先生は、号泣しましたね。とにかく無事に全学集会を終わらせるんだという思いが強かったんです。我々委員も、3ヶ月一緒に共同生活をしましたから、同じような気持ちでした。みんな家には、寝に帰るだけの日々でしたから。ぼくなんか、原稿を書くのに、よく泊まり込みましたよ。だから、まあみんな新浜さんが号泣する気持ちはよくわかりました。ある種の戦友みたいなもんですからね。

それから、あまり間を置かないで、機動隊に突入してもらって、キャンパスの封鎖解除を強行しました。6月9日の数日後で、6月13日でした。

明け方から2,000人の警察官の応援を得て、封鎖を解除し、翌日の6月14日、4ヶ月ぶりにキャンパスに帰ることができた。

その時、5別に立てこもっていた学生が捕まったんです。とにかく大量に学生がいたので、逃げた学生もたくさんいたんです。なにせ、あの時計台・図書館の前のヒマラヤ杉が、2本とも切り倒されていましたからね。あれを見た時には、あぜん、茫然、でしたけどね。あれは、時計台・図書館といっしょにシンボルでしたから。

5別が陥落したときには、私が留守中の我が家に、5、6人の学生が、食うや食わずで飛びこんできました。それで、女房は、食べ物を買いに北口まで自転車でいって、すぐに食べられるものといったら、赤飯しかなくて、赤飯を山ほど買ってきてみると、その学生たちは、泥のように寝ていたそうですよ。その落ち武者となって逃げてきた学生たちに、おめでたい赤飯を食べさせたというのも、なんかブラックジョークみたいな皮肉な話です。こっちだって、学生が憎くてしていたわけではなしに、やりすぎるから困るというだけの話でしたからね。

やっぱり、関学は、非常に真面目な気風があって、そういう点では『学長代行提案』というのも、非常に真面目に学生にも対応しようという、そういう関学らしい精神的な風土というのがよく表れた提案でした。ただ、そこに盛られていたことは、今から思うと、改革としては時代を先取りし過ぎたことが多くて、その後、舞台が変わってきて、学生運動の揺り戻しがあったその後の世の中とは、合わなかった部分もあったとは思います。でも、この提案は、ただの資料というよりも、かつて、このように考えた時代があったということを、関西学院大学の歴史の中で、はっきりと残しておくべきだと思います。ものすごく真面目なんですよ、関学は。学生紛争があった大学は多いけれども、あのような改革案を提示して、紛争を収めようとした大学は、他にはまずなかったんじゃないかと思います。

破壊の爪痕が残るキャンパスでは、直ちに教職員・学生による学内大掃除が開始された。数日後、バリケードなどのため、机・イスが取り去られた大教室などでは学生たちが床に座り、授業が再開された。真夏の炎暑の中、夏休みを返上して授業は続けられ、3月に行われるはずだった卒業式も、8月に初めて中央芝生で実施された。

「学長代行提案」を提示した小寺武四郎学長代行 ©神戸新聞社 080

1969 ボランティア学生による教室の清掃始まる
1969 6月30日より授業開始
1969 8月3日午後3時半卒業式（中央芝生）
1969 各種専門委員会設立　カリキュラム委員会、学生参加委員会、組織改革委員会、規律専門委員会、放送利用専門委員会
1969 塩原勉助教授、退職
1969 西岡博之事務長、就任
1969 比嘉正範助教授、退職

山積みのイス机（1969）081

第三章　大学紛争の中の社会学部

1970　図書館改革専門委員会設立

1970　業務改革推進協議会設立

1970　三者改革運営準備委員会設立　委員
　　　遠藤、張、佐々木、紺田、西尾、矢谷、
　　　丹羽、森川

1970　小寺学長代行、学長就任

1970　大阪万国博覧会

紛争中も練習を続けたアメリカンフットボール部

武田建

　紛争のとき、小寺先生が学長代行をされて、田中國夫先生なんかが、特調委といって全学から先生が集められ、紛争を収拾するための『学長代行提案』をまとめられました。その下働きで、宮田さんや私なんかが、動員されていたんです。ものを運ぶ程度のことでしたけど。

　私は、アメリカンフットボールという熱病にかかっていたので、他の先生方は授業がないから、「紛争だ、紛争だ」といっていましたけど、私たちは紛争中も練習をやっていました。私にとっては、フットボールの片手間に「紛争だ、紛争だ」と言っていた感じです。練習は毎日あります。全共闘が学内を占拠していても、フットボールの練習はやらなくてはなりません。グラウンドに向かうときに、全共闘学生につかまるときもありました。でも「アメリカンの練習に間に合わんやないか！」というと、全共闘もすぐに解放してくれました。学院封鎖といっても、中央芝生の方が封鎖されているだけで、グラウンドまで封鎖できません。全共闘がグラウンドなんかきたら、体育会と衝突になるから、彼らも怖くてこないですよ。授業がないので、つい練習時間も長くなってしまいました。

　それで、小寺先生からときどきお呼び出しがあったら行っていました。その時も、いつもあほなこというてみなさんを笑わせるのが役目でした。小寺先生以下、執行部の先生方も「建ちゃん、建ちゃん」と呼んで可愛がって下さりました。まあ、ぼくの役目は慰問部隊みたいなものだったのでしょうね。紛争中に、執行部のアジト近くの西宮球場で東西学生オールスターの試合がある時、招待券をもっていって、「観に来てください。気晴らしに応援に来てください」といって何枚もチケットをお渡ししました。それで、関西が勝ったら皆さんが、意気揚々と「万歳！」と喜んでね。ぼくは、その程度しか、紛争にも関わっていませんでした。

キャンパス解放集会に集まった学生と教職員　©朝日新聞社
1969年6月14日

大学紛争を社会学でとらえる

髙坂健次

　大学院に進み、修士論文を書いたんですが、それは、『代行提案』をまとめた塩原先生への応答という思い上がった思いはありました。修士論文のタイトルは、『政治過程における疎外について　その論理と構造』でした。経済的な意味の疎外ではなしに、政治的な疎外についてです。この時期はもう紛争に入り始めたときでした。ですから、紛争とそのテーマを選んだこととは半分だけ関係があります。マルクスが資本論で考えていたようなことを、日本の政治の世界で、政治における資本論にあたるものを書こうということがテーマだったのです。そのことが実際にあるていどやれないと、関学の大学闘争も、主体的には関われないと、どこかで思い込んでいて、4月以降は、学生運動に顔を出す余裕はなくて、ひたすら本を読んでいた。読んでいたのは、マルクスであり、ウェーバーでした。

　ですから、多くの人が誤解をされているようですが、私は紛争には、ほんとうに外からの関わりしかしていなくて、紛争からはその時点で撤退しているんです。最後の6月の王子競技場での全学集会には行きましたが。

　修士論文のテーマは、自分の原体験にあったもので、あらたな取材や調査をしたわけではない。私は政治的には過激ではなかったので、安保闘争とかにも参加した経験はない。しかし、中学生の時から、優秀なのに上の学校に進めないで就職していった中学時代の友人の境遇を理不尽に思っていた。なんで、こんな理不尽なことがまかり通るんだろうかと。だから、また思い上がりですが、その理不尽さを自分なりに解明できないと、関学での闘争にも主体的には参加できないと思っていました。

　塩原ゼミだった木田拓雄とかは、学生運動の理論的なリーダーだったし、別の友人で後に生協をやっていた石井真弘なんていうのは、たいへん親しくていろいろなことを教えてもらった。そういう意味での実践をしていたり、理論を培っていた友人たちのことを、私は評価していなかったのではなく、むしろ高く評価していた。強いていえば言語が違うだけだと思っていました。私はずっと社会学の中にいて、社会学を使って、関学の闘争についても論理化するということを考えていたわけですから。

　塩原先生には、学内の政治的な状況もあり、長い間まったく会いませんでした。もちろん恩人ですし、尊敬もしていますし、今でも親しくさせていただいていますがその当時の状況の中では、1日も会わなかった。修士論文を書き終えてから、はじめて塩原先生には「これを書きました」と言って持っていきました。

机が取り払われた教室で再開された授業　083

1970	総合コース開講（文学部「言語と文化」／社会学部「情報化時代における社会と人間」／経済学部「日本経済」／理学部「情報の重要性と情報処理」）
1970	栃原知雄教授定年扱退職、杉本照子助教授、国歳真臣助手、退職
1970	熊谷一綱助教授、宗教センターへ移籍
1970	岡村重夫教授、船本弘毅宗教主事、村川満専任講師、就任
1970	学部長：小関藤一郎教授
1970	4月7日　入学式（中央芝生）
1970	「社会学部における改革への歩み」を全学生に配布

第三章　大学紛争の中の社会学部

卒業生3

辻善則　(G 1965-1968　1970-1971　㈱イオンファンタジー相談役 2009年時点)

私は滋賀の幻の城、安土城があった安土町出身で高校は彦根東でした。関学の社会学部に進んだのは特別何があったわけではないですが、当時から社会的出来事には関心があって将来は中学校の社会科の先生になりたいと思っていました。

私が入学したのは、社会学部が出来てまだ5年目の頃だったと思います。創立間近で学問的にもまだ社会学の範囲が明確化されておらず、ある意味では他の学部と比べて伝統がない分、革新的で開放的な雰囲気がありました。学生も社会科学に興味があれば、あらゆる分野を取り込んで勉強することが出来ました。

在学した1960年代後半は学生もノンポリは許されないような雰囲気があり、社会学部は特にそういった問題意識が高い学生が多かった気がします。あの当時、今でも誇りに思うことは学生運動を大衆運動としてとらえ、スト権確立のため全学投票をやり、解除も投票で決めたことです。またスト期間中、学生が自分たちで自主講座を開いて勉強していましたね。

そういうことはその後の学生運動では考えられないですよね。その後は過激な実力行使一辺倒でしょう。あの頃は多くの学生が社会的矛盾に対して何とかしなければ、何か行動を起こさなければ、という問題意識を強くもっていました。ストは関学始まって以来のことで晴天の霹靂だったでしょう。今だったら関学でそんなことをやれと言われても、とても無理で学生の誰も反応しませんね。

ゼミの領家先生との思い出は本当にいろいろなことがありました。まず私が退学になったのは大学封鎖の首謀者の1人として「彼はきちんと退学処分をせなあかん」と教授会で主張されたと、あとから聞かされました。しばらくして人生の中で「自分の行動には責任を持つべきだ」ということを身をもって教えていただいたと思えるようになって素直に感謝できるようになりました。先生のえらいところは私の両親に直接出向いて「私が退学処分にしました」と言いに来られたことで、そんなことをする先生はまずいないでしょう。それができるところがすごいところで、先生の信念であり誠実な人柄だと思います。

それで退学させられ食べていけないので関学生協に入り、専従職員から専務理事になりました。専務理事になった頃、生協理事長の交代があり、私が領家先生に理事長就任をお願いしに行ったのです。労使の対立がもとで生協をやめた後、領家先生から手続きはしておいたから大学に戻れとお話があり復学することが出来ました。教授会で反対もあったことは後で聞きました。

就職については生協の関係で流通業に関心があり、十数社受けましたが前歴が前歴ですから全て断られました。唯一ジャスコの小嶋人事部長が面接をしてくれました。採用通知が来てこちらがビックリしました。それが後々恩人となる小嶋千鶴子（94歳）さん、イオンの岡田名誉会長の姉にあたる人です。ジャスコに入って様々な部署を経験し、ちょうど40歳になった頃、企業人生として最後に悔いの残らない仕事をしたいと思い、社内ベンチャーを思いつき、小嶋さんに相談に行きました。それが現在の㈱イオンファンタジーです。ショッピングセンターの中には、ファミリーが安心して子どもたちを遊ばせることができる「室内ゆうえんち」がぜひ必要だと考え、それを起業提案しました。

幸い1人で始めた事業が時代の波に乗り、創業10年目で事業部から別会社として独立、5年目でジャスダック上場、3年以内に東証2部から東証1部にスピード上場となりました。ゼロから出発した会社が20年で年商494億円、店舗数342店、総従業員数3,080名（2008年度）という会社になりました。今は、過去があるから現在があり、領家先生をはじめ多くの人の縁に恵まれたことで悔いのない満足できる人生を歩めたことに心より感謝をしています。

学部祭シンポジウム

辻善則　イオンファンタジー相談役室にて

卒業生4

水川元（Ⓖ 1965-1969　豊中市上下水道事業管理者）

近くの大学ということで、関学を受けました。社会学部だけで、併願はしていません。当時、社会福祉に関心があったんです。でも、3回生でゼミを選ぶときに、先輩から塩原ゼミを勧められ入りました。塩原ゼミは、私にはハイレベルな内容だったと思います。領家ゼミには、聴講生として参加させてもらいました。領家先生に「参加させてもらっていいですか」と頼むと、「ええよ」と許可をいただきました。当時は、そういうゼミへの聴講なんかが、許される自由な雰囲気がありました。

現役の学生のみなさんに伝えたいのは、人との出会いが大事だということです。とにかく好奇心を持ち、いろんな先生の話に耳を傾けてほしい。そして、どんな方と出会い、自分自身がどのような価値ある人生を送ることができるかが、大事なことでしょう。そこでは、学ぶべきこともたくさんありますし、どんな級友に出会うかも大きいですね。高坂先生は、塩原ゼミの先輩で、学生時代から、仲良くしていただいています。

領家ゼミで、辻善則さんは、知っていました。辻さんは、自治会活動をなんとかせんといかんということで、学生自治会の会長をしていましたね。学部祭でも一緒にやりました。ぼくは、自治会の図書委員をやりました。辻さんは学生運動では重要な役割を果たされていたのではないでしょうか。

社会学部での学生運動は、自治会の他に、「革自同」という木田拓雄さんを中心としたグループや政治闘争主義のグループ、そして大学の民主的改革と、大学の自治を求め大学を批判していたグループなどがありました。高坂先生は、改革の立場でした。高坂先生が偉いと思ったのは、学生集会なんかの時にも、学生運動を客観的に見て、今、何が必要なのか、真剣に高坂先生なりに模索し、改革の提案をしておられたように思います。木田さんたちは、結局、ああいう形で権力と対立し、大学を封鎖し第5別館に立てこもりました。

ある時から暴力的になってしまって、ヒマラヤ杉を切ってみたり、バリケードを組んでみたり、今考えても、手段としては取ってはならないことでしたね。暴力的な手段では、なんの改革にも結果的には繋がっていないでしょう。結果として、自治会活動の停滞を招いたでしょう。そこが非常に残念ですよね。

私は、大学を出て豊中市役所に勤めて、13年間、同和問題を解決する仕事をしました。それから、総務部や福祉の分野へ異動。1992（平成4）年4月福祉保健部の総務課長になり、そこで火葬場問題にかかわりました。課長になって6年目に火葬場の周辺住民から、「臭い、バイジン、煙がひどい。もうどうしようもない。早急に改善してください」と1998（平成10）年7月に強い申し入れがありました。

私は、具体的に火葬場周辺の実態はどうなっているのかを把握するために、市民から寄せられた苦情が、いつ（何月何日）誰から、どんな内容で、どこから寄せられたか、全部、マッピングしていこうと提案。「やろう、今までそんなことしたことないけれど、実態がどうなっているのか、全部地図におとしてみよう」と。そこへ、たまたま厚生省から火葬場のダイオキシンの実態調査の協力依頼がありました。「調査に協力したら、ダイオキシンが出ますよ。」という声もありました。「出たら出た時のことや。まずその実態を市民に説明しよう。情報公開が大事や。こんな状態放っとかれへんやろう」。部下を説得し、ダイオキシン調査をしました。調査結果は、すべてオープンにしました。一方、庁内の関係者による火葬場を建て替えるチームも結成しました。領家先生から、同和地区の調査でも、「実態から学べ」ということを叩き込まれていましたから。

住民のみなさんと何回も話し合い、「ここで臭気と煤塵の少ない低公害型の最新式の火葬炉を設置させていただきます。そうすることによって、市民のみなさんの利便性も高まります。」と説得し、最終的には、住民のみなさんから、水川さんに任せると言って頂き、納得していただきました。「私も、市の内部で努力します。みなさん方も、火葬場の施設の改善要望を住民側の声として上げてください」とお願いしました。「一緒にやりましょう」と。それで、住民の方々は4,546名の署名を集めて、市長に直接届けて下さいました。

市長には2か年間の事業予算を認めて頂き、その年の12月議会に提案し、議決承認。新しい火葬場として、無事、建て替えることができました。

水川元在籍中の塩原勉ゼミ　086

水川元　豊中市立火葬場にて　087

写真コラム　大学紛争

1968、1969、1970年

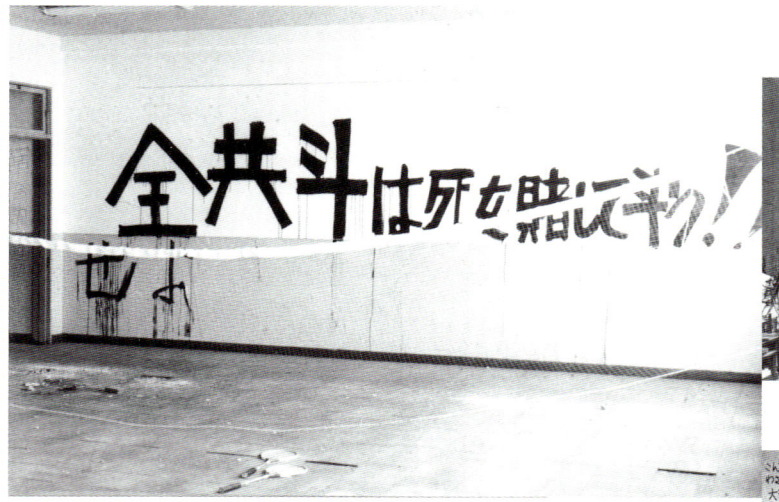

第5別館の落書き 088

キャンパスの荒廃（1970） 089

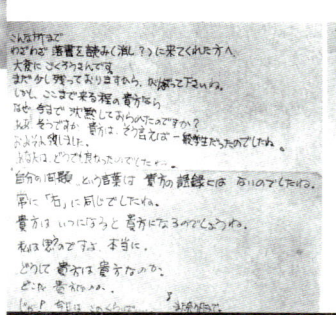

荒らされた社会学部事務室 090

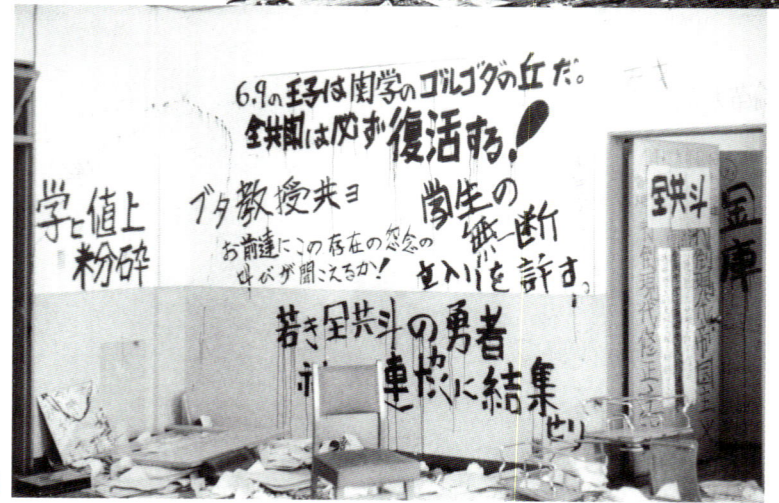

第5別館の落書き 092

社会学部前広場から（1971）　093

第5別館の落書き　091

切り倒されたヒマラヤ杉の切り株でのグループ討議　094

第四章

社会学部の歩み

4つのコースの充実と教員

紛争を乗り越えた関西学院大学の中で、社会学部は、様々な新しい試みをすることになる。紛争期の学部長、山中良知は、前学部長であった杉原方の任期を引き継いだが、健康上の理由もあり辞意を示し、小関藤一郎（1912-2002　Ⓢ 1960-1980）が、1970年4月から学部長となった。

学部の改革では、それまでは4つのコースすべてを取るようなカリキュラムになっていたが、そこに、主専攻・副専攻という考え方を取り入れた。キリスト教主義教育の再生にも力が注がれた。

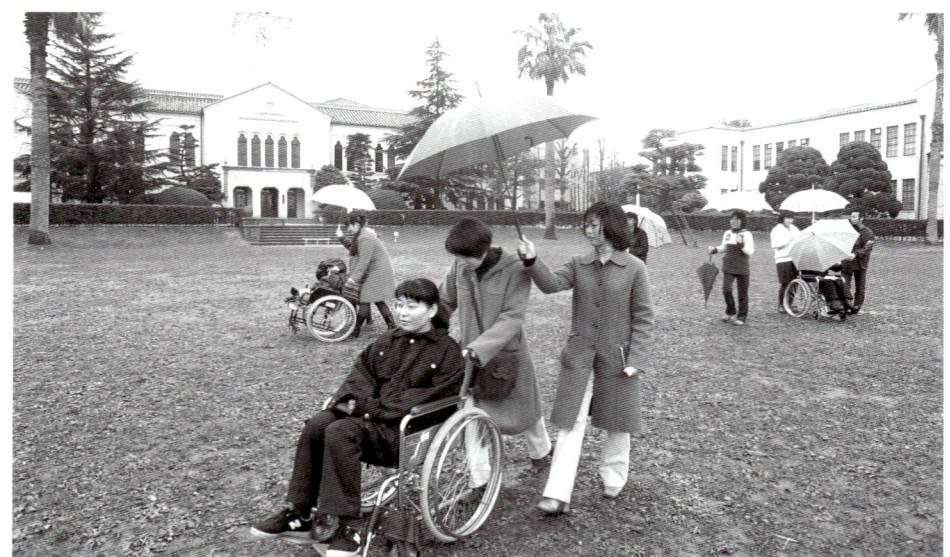

社会福祉の授業風景　095

田中國夫ゼミ卒論発表会　096

社会学部前にて　097

社会学部宗教主事熊谷先生の思い出

辻善則（卒業生）

　紛争期で、印象に残っているのは、熊谷一綱さんという宗教主事の先生です。あの方はじつは、ぼくの吊るしあげの対象だったんです。授業中に先生に論争を挑むんです。

　先生の説明が一段落してから「先生、質問があります」といって、手をあげるんです。そうすると、熊谷先生は、いろいろとぼくが反論したことに対して、懇切丁寧に説明してくれるんです。すれ違いもあったけれど、たいへん真摯な態度で全力で接してくれました。今思っても、すごいと思います。まあ、そんな先生をずいぶんいじめたものだと今は思います。半分授業妨害みたいなもんでしたから。

　でも、正当な議論をしかけてはいたんですよ。ただ普通の先生だったら授業中だから、そういう議論をする場ではないということで、終わってしまうじゃないですか。あんたのいっていることは別の話だからといって、逃げてしまい取りあってくれない方もいました。ですから、熊谷先生は特に印象に残っています。熊谷先生は真面目というか、とにかく真摯にまともに相手をしてくれました。

　熊谷一綱（1929-2006　[S] 1961-1970）は、1961年から、社会学部の宗教主事を務めたが、紛争末期に宗教センターへ転籍し、船本弘毅が、中学部から就任した。熊谷は、その後、商学部の宗教主事を務めた。2006年逝去した。

熊谷一綱　098

掲示板　099

船本弘毅（[S] 1970-1998）

　紛争末期に社会学部の宗教主事に就任した時　①社会学部のキリスト教をしっかり立て直して欲しい　②学部のチャペルを復活して欲しい、という2つの強い要請がありました。そこでこの2つに全力を注ぎ、先ずチャペルは絶対にやるということにし、学部の多くの方たち、教員のみでなく、職員の方々も協力してくださいました。1年生にはチャペルに必ず出席するように強く勧め、大学の中で社会学部のチャペルの出席者が最も多くなりました。これは、わたしの時代に出来上がった1つの伝統だと思います。

　紛争をめぐって熊谷さんは学生の言い分に耳を傾ける立場を取られたので、かなり苦労されたと思います。

チャペル掲示　100

1970	E・R・シャイマー教授退職
1970	本出祐之教授、就任
1971	社会学会大会が本大学で開催
1971	社会心理学研究館建設（田中國夫教授ゼミ卒業生及び在学生よりの寄附400万円による）
1971	矢谷慈國助手、稲継尚助手退職
1971	中野秀一郎助教授、真鍋一史助手、就任
1971	昭和46年度入学生より再試験廃止
1971	教授に昇任のための助教授在任期間が6年に短縮された
197?	J・フリードマン氏講演
1972	沖縄、日本に復帰

第四章　社会学部の歩み

社会福祉の発展

関西学院大学社会学部の社会福祉コースは、大学院に進んだ学生の多くを、福祉の先進地である北米に留学させ、多くの人材を育て、関西のみならず、日本の社会福祉学をリードするようになっていく。

もう一つの全国制覇

武田建

　紛争の前のことですが、1962年に6年余りの北米留学から帰ってきたとき、竹内先生が、ぼくを呼んで「武田くん、福祉に学生が来ないんだ」と腹を立てておられるんです。

　「竹内先生、私は1年生と2年生の外書講読のクラスを持っていますから、その時にPRしときます」と申し上げました。他の先生方は、外書講読で、古典的な本をテキストに使っておられるじゃないですか。私は『現代の結婚』とか、アメリカでも話題になっていて、学生にも興味を持ってもらえそうなものをテキストに使いました。そうすると、私の外書講読を取っていない学生まで参加するようになったのです。普通の講義だったらまだわかりますよ。でも外書講読ですよ。それを単位に関係のない学生まで聞きに来ていました。「社会福祉の勉強は面白いよ」といっていたら、どんどん社会福祉に来る学生も増えてきました。竹内先生は喜ばれましたが、私はあまり増えたら大変ですからほどほどにしておきました。

　次に学生の実習レポートを読みながら、実習先を評価して、いいところ、そうでもないところを仕分けして、優良実習先を選びました。2年生とか3年生といった、まだ、充分に専門科目を勉強していない学生を実習に出しても実習先にご迷惑をかけるだけだから、3年生の終わりまでみっちり教室内で鍛えて、いい実習先に、春休み・夏休みもなしで、1年間、毎週行かせてもらえるような実習の体制を創りました。それを、ずっと続けてきたら関学社会福祉の実習が、関学方式として全国に広まりました。私のアメリカンフットボール以外のもう1つの全国制覇です。

　実習先としては、児童相談所、高齢者福祉施設、公的扶助の社会福祉事務所にも実習生を送ったし、それから多かったのが病院関係です。精神病院でも一般病院でも関西の大きな病院でケースワーカーを置いてるといったら、ほとんどが関学の卒業生でした。阪神間の社会福祉機関では関学が圧倒的な勢力でした。他の大学はそんなに実習に力を入れてなかったですし、福祉専攻の学生数も少なかったと思います。そもそも社会福祉のある大学があまりなかったのです。あっても短大と専門学校でした。もちろん、短大からも社会福祉学科の3年へ編入してきました。PRがきくとどんどん専攻生が増えてきて、PRしたら自分の首を絞めていると思って自粛しましたけれど、時すでに遅しで、一度膨れ上がったらもう減りませんでした。

荒川義子ゼミ 101

- 1972　連合赤軍による浅間山荘事件
- 1972　日中国交正常化
- 1972　大道安次郎教授定年退職
- 1972　冷水豊助手、退職
- 1972　学部長：萬成博教授
- 1972　中山慶一郎助教授、就任
- 1972　外国人教員：M・W・カタオカ氏（カリフォルニア大学）、D・W・プレイス氏（イリノイ大学）

社会福祉実習 102

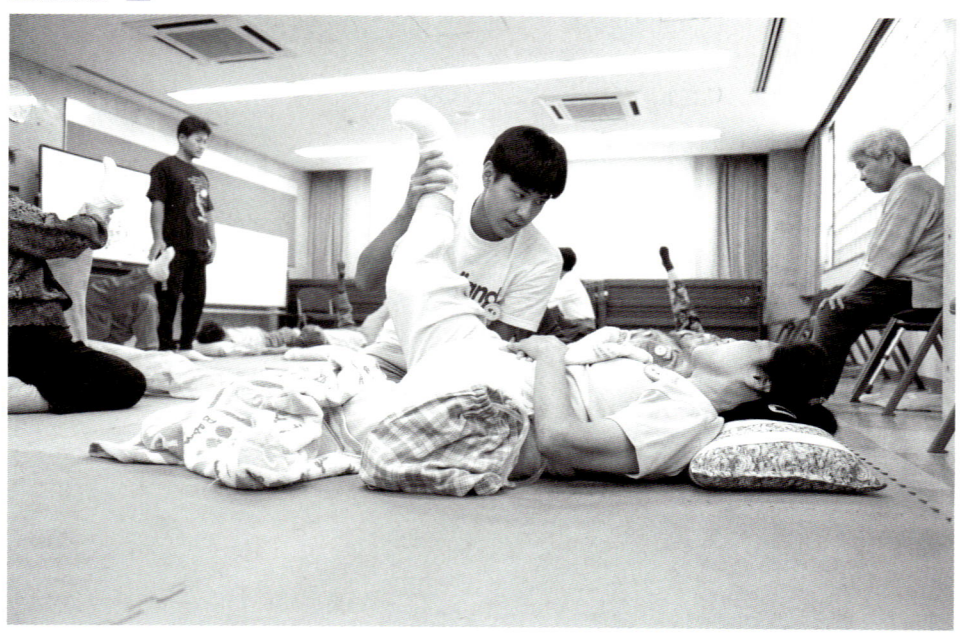

ゆかりある社会学部へ

武田建

　芝野さんのこと話しましょうか。芝野さんは、大阪外大出身で、京大の河合隼雄先生の教育学部の大学院に行ってカウンセリングをやるつもりでいたんです。外大出身ですから河合先生も取りにくかったんでしょう。河合さんから電話かかってきて「武田さん、いい学生なんやけど専攻が違うので難しいから、よろしく頼むわ」といわれました。ぼくは河合さんととても親しかったんです。それで、若い芝野さんに会って、「こんな本を一生懸命読みなさい」といって何冊か渡しました。田中國夫先生の社会心理学専攻の境裕子さんという学生も受験していました。面接の前に、杉原先生が、「芝野と境は、福祉の専攻ではないな。それなら修士を3年いかせろ」とおっしゃったのです。そんなやり方は大学の規定にもないんですよ。杉原先生がお決めになられただけで。それで、面接の時に、「修士をとるのに3年かかりますがいいですか」と聞いたら、それでもいいですというから入ってもらいました。それから、1年くらいたったとき、杉原先生が、「建、芝野と境にあやまっといてくれ。あいつらは優秀や、3年いうたんは間違いやった。2年でよかった」といわれました。芝野さんは関学で修士を取得してすぐミシガン大学に留学しM.S.W.の学位を、そしてシカゴ大学でPh.D.をとりました。そのほか北米で社会福祉の博士や修士を取得した卒業生は大勢います。私の大学院のゼミ生の半分ぐらいは留学したと思います。

芝野松次郎（Ⓢ 1983-2008　2008年度より人間福祉学部）

　たまたまうちの兄が、アメリカにいまして、アメリカで宝石学を勉強していて、その時、兄が付き合っていた彼女のお母さんが、ブラウアー先生という方ですが、河合隼雄先生の恩師だったんです。それで、兄が、ブラウアー先生に話をしてくれ、「それだったら紹介状を書いてあげるわよ」と、河合先生への紹介状を書いてくださったんです。それで、河合先生に会いにいったんですが、「今は、臨床心理ばやりで、2人の定員のところに、20人ほど応募が来ている。京大内だけでもたいへんなんだ」ということで難しい。だけど、「関学に武田建というたいへん面白い先生がいるから、武田さんに紹介状を書いてあげるよ」といってもらって、武田先生のところに来たんです。

　その時に、社会学部のロビーで、はじめて武田先生と会ったんですが、今まで私が接してきた国立大学の暗い先生とは、まったく違うイメージで、すごい垢ぬけた紳士がそこにいたんです。こう帽子をちょっと被り、ハドソンというカナダの有名なジャケットの会社があるんですが、白と赤と黄と青の毛布の一枚仕立てのダッフルコートを着てはったんです。この時のことは、恩師を語るというところで、学会誌にも書きましたが。こんな人は、外大や京大にはおらんでと思いました。すごいなというカルチャーショックを受けました。その時に、背の高い巨人のような外人の先生と一緒で、ボンド先生という先生なんですが、その先生と流暢な英語で話をされている状況を見て、こんなすごい世界もあるんだと思いました。

　そこで、武田先生は、もう、関学の大学院に来るもんだという前提で話をしてくださって、参考書や過去問題も沢山渡してくださり、教科書は岡村重夫の本を読めと紹介してくださり、半年間、しっかり勉強しました。その時まだ、私は、気付いていなかったんですが、臨床心理のつもりだったんです。まさか、社会学部のソーシャルワークだとは思っていませんでした。その頃は、まだケースワークと呼んでいましたね。ケースワークって全然わからなくて、岡村先生の本を読んでも、岡村先生は、ケースワークとは書いておられなくて。試験のために読まなければならない本だと思っただけでした。臨床心理ではなかったことには、通ってから、気付きました。

1973　小寺武四郎教授、院長就任
1973　玉林憲義院長事務取扱
1973　ベトナム和平協定調印
1973　第4次中東戦争、イスラエル存亡の危機
1973　第一次オイルショック
1973　清水盛光教授、定年退職、光吉利之助教授、退職
1973　青山秀夫教授、山路勝彦専任講師、就任
1973　文部省より社会学専攻及び社会福祉学専攻に高等学校一級の社会科の免許状資格を得させるための課程設置が認可された
1973　推薦入試制度廃案となり委員会解散
1973　卒業論文公開　各ゼミより優秀論文一点ずつを集め、学生読書室に配架
1973　藤田耕一事務長、就任
1973　図書館新館増築
1973　SMUと姉妹校関係提携

岡村重夫ゼミ（1974）　103

第四章　社会学部の歩み

産業社会コース

関西学院大学社会学部は、産業社会研究において、大いに社会の注目を集めることになった。高度経済成長期にさしかかった日本における時代の要請に、萬成博を中心とした研究者が応えていったのだ。

産業社会学の業績

萬成博

萬成博

1974　久山康教授、院長就任

1974　西治辰雄教授、学長就任

1974　山本武利助教授、髙田眞治助手、就任

1974　教授会内規　海外留学者、特別研究員を定員から外し、構成員の2/3をもって教授会が成立することとする

　私は関学紛争の前後に2件の研究プロジェクトを実施しました。それについてお話します。
　本論に入るまえに当時の社会学部の研究と教育の管理体制について話しておきましょう。紛争のピークと直後に社会学部の研究・教育・学生指導を再建した学部長は山中良知教授（1969）でした。彼は剛毅ではあるが敬虔なクリスチャンでした。倫理学者であり不動の信念の持主でした。2代目は小関藤一郎教授（1970-71）で温厚であるが内面は極めてタカ派の社会学者でした。3代目は萬成博（1972-75）で実証的産業社会学者であり、正門前の全共闘学生の立看板に長く死刑を宣告されていました。四代目は倉田和四生教授（1976-81）で都市・人口社会学者で、人望・研究業績ともに備える、思想堅固な研究者でした。これらの学部長のリーダーシップのもとに社会学部の教育、研究、カリキュラム改正、ゼミ編成、定年退職者や他大学転出者の補充人事を実施してきました。
　社会学部の復元と再建設は容易な仕事ではありませんでしたが、危機に際して判断ミスをしない人たちによって担当されたと思っています。社会学部における学外での後期試験の実施や社会学部校舎における講義の再開は全共闘学生の乱入のなかで敢行されました。警察機動隊は、講義担当者が授業を進め、その妨害が現実に起こらない限り出動するものではありません。社会学部における秩序の回復は山中学部長の覆面学生に対する妥協しない意思と教授担当者の講義実施の勇気ある行動によって達成されたものです。社会学部における授業再開は現場から進められたものであり、決して全学集会や学長代行提案によってのみ実現したものではありません。
　さて産業社会学における研究は学内不安の環境のなかで進められました。私は1960年代に重要な研究プロジェクト「日本の産業指導者調査計画」（1960-68）の日本文、英文での出版を終えていました。この日本のトップマネジメントの出身階級と教育についての実態調査報告は国内でも海外でも反響を呼びました。
　この研究内容を知って米国ブラウン大学のロバート・マーシュ教授が私に「近代化と日本の工場組織研究計画」（米国グーゲンハイム記念財団助成）による共同研究を1969年に申し込んできました。急速な日本の経済成長は、アベグレン博士の主張するように伝統的な文化要因に基づくのか、それともマックス・ウェーバーのいう近代合理性つまり官僚制組織に基づくかを究明する画期的な研究プロジェクトであったので、私は直ちに同意しました。
　しかし彼が家族と共に学院外国人宿舎に到着したとき、大学は封鎖中であり困り果てました。彼は共同研究が契約であるからと履行を主張したので、私は山中学部長に教務主任の辞職を願って受理してもらいました。実地調査は伝統的な白雪酒造蔵、大量生産の三洋電機工場、熟練労働の日立造船原動機工場において成功裡に実施することができました。調査結果は日本の工場の社会組織は伝統的文化特殊モデルではなくて、近代合理的地位構造であり、従業員の企業への定着の理由は、長期雇用が経済的・

社会的地位の安定と向上という合理的・普遍的なモデルに支配されていることを証明することができました。研究報告書は英文・日本文で出版されました。この関学社会学部を拠点においたわれわれの研究結果は、国内外の経営と労働の研究者のあいだに賛成・反対を問わず大きな論争を引き起こしました。社会学部は国際社会にむけて発信を始めたといえます。

つぎの研究プロジェクトは、関学、関大、甲南大の社会学者を動員する研究企画です。1969年に文部省は日本の大学・研究機関の社会科学部門を対象に『産業構造の変革に伴う諸問題』という大型助成金交付を募集しました。学内が騒然としていた中で私は研究代表者として研究計画書を提出しました。全国20プロジェクトが採択され、その中に本学の申請も入っていました。1970、71、72（昭和45、46、47）年連続、約300万円の助成金であり、当時としては大きな額でした。

「産業構造の変革に伴う労働問題」をテーマとした我々の研究は注目を引く研究成果を生み出した。萬成博編著『新しい労働者』（白桃書房、1973）として出版しました。この著作に加えるに40編の研究成果論文が各種雑誌に掲載されました。新聞や雑誌の書評として新しいフロントへの挑戦的著作として評価をうけました。この研究プロジェクトに関連して4個の博士論文が生まれていることも特筆に価します。私たちは、大学紛争中に実施されたこのプロジェクトを社会学部の研究史に残すことを誇りに思います。

注1：日本文は萬成博著『ビジネスエリート』（中央公論社、1964）、英文は H.Mannari,The Japanese Business Leaders,（University of Tokyo Press,1974）中国訳『日本企業領袖』（中国人民大学出版部、1990）
注2：Marsh & Mannari、Modernization & Japanese Factory（Princeton University Press,1976）マーシュと萬成共著『近代化と日本の工場』（東京大学出版会、1976）
注3：研究メンバーは、小関藤一郎教授、井森陸平甲南大教授、倉田和四生教授、丹羽春喜教授、牧正英教授、西山美瑳子（当時関大）教授、嶺学関大教授、佐々木薫助教授、中野秀一郎助教授、遠藤惣一助教授、真鍋一史専任講師

萬成博著書

1989年 関学100周年記念萬成博ゼミ

1975　勝本卓美教授、学長事務取扱就任
1975　藤原恵教授、岡村重夫教授　定年退職
1975　丹羽春喜教授、退職
1975　社会学部定員500名文部省に申請
1975　久保芳和教授、学長就任
1975　社会学部ヴィジョン研究会開催
1975　外国人教員：T・K・フィッツゲラード氏（デューク大学）
1975　レプツィオン氏（イスラエル・ヘブライ大学）講演

第四章　社会学部の歩み

社会学理論

多士済々が集った社会学部の理論コースは、他のコースのようなまとまりには欠けたものの、倉田和四生、領家穰、田中國夫などを中心に、多方面にわたる成果を上げた。

社会福祉学専攻の博士課程設置とタルコット・パーソンズ招聘

倉田和四生

倉田和四生

1976 情報処理研究センター設置
1976 ロッキード事件、田中角栄元首相逮捕
1976 文部省定員400名に決定（通達）
1976 海野道郎専任講師、就任
1976 学部長：倉田和四生教授
1977 事務の機械化（コンピュータ）が導入された
1977 総合体育館竣工
1977 山本武利助教授、退職

　私が学部長になった時、2つのことに取り組みたいと考えました。1つは、社会福祉の大学院に博士課程を創りたいということでした。1976（昭和51）年頃には、社会福祉の大学院は、マスターしかなかったんです。そこで私が考えたのは、社会福祉には立派な先生がおられるのだから、スタッフはいるのだから、社会学だけがドクターで、社会福祉はマスターどまりというのは気の毒だから、この福祉のマスターどまりを博士課程までにしよう、まず自分のアイデアとして考えたんです。

　もう1つは、たまたま私が学部長になったころに、ビジティング・プロフェッサー「客員教授」というシステムによって、外国からでも著名教授を招聘する制度ができたんです。ちょうど久保学長のころです。

　ところで私は文学部の大学院でマスター論文に取り上げたのが社会システム論というものでした。そしてその大家が、米国のタルコット・パーソンズという先生で、世界的な大学者でした。そのパーソンズ先生がちょうどハーバード大学を定年になったころだったものですから、その先生をビジティング・プロフェッサーとして呼びたいというふうに私は心ひそかに考えました。

　少なくともこれらの2つだけ実行しようと決心したわけです。

　そこで、まず最初の社会福祉の博士課程の問題に取りかかりました。社会福祉のことはもちろん、社会福祉の方に相談しなければいけないのですが、当時、大阪市立大学から岡村重夫さんという社会福祉の立派な先生が来ていました。それから武田建さんと嶋田津矢子さんとか、いろいろ立派な先生方がいました。そこで、岡村先生、武田先生に、「社会福祉の博士課程をつくろうじゃありませんか」と相談したんですわ。そしたら、思いがけずこう言われたんです。「いや、それはできません。」当時日本国中にあんまり社会福祉で博士コースを持つ大学がなかったときですし、今と違って、まだ社会福祉がそんなにブームになってくる随分前のことですから。

　岡村先生もそう言われたし、武田さんもそう言われた。「いや、実は自分らもいろいろやってみた」「だけども、どうしてもだめだった。もうそんなもんできません」と、こういうんです。だけども、だめもとでいいから、とにかく実際に設置に動いてみてくださいというふうに、私は重ねて要望しました。

　ところがとりかかってみると、それがまた不思議なことに、あっという間にできたんです。大学院の新設には、何が問題かというと、何といってもスタッフです。幸いスタッフは十分いました。岡村先生、武田先生、嶋田先生といえば、もうその当時、社会福祉学の重鎮ですからね。その上、念の為、私を福祉に移し、さらに村山先生を新しく採用して万全を期しました。それからもう1つの問題は図書ですが、これも問題ありませんでした。文学部時代からずっと収集していたから。

　ところが思いもかけないところにネックがあったんです。それは何かと言うと、驚いたことに、土地が狭いといわれた。土地が狭いと言われても、その1976（昭和51）年ごろの状況で、同志社なんかのことを考えてみたら、関学は上ケ原牧場と言われてるぐらいやから、そんなに逼迫しているとは、とても思ってなかったわけです。

　ところが、実はそれを文部省にやかましく言われたんです。文部省に申請に行ったら、土地が足らんと言われました。学生1人当たりに何ぼという形で必要面積が計算されるわけでしょう。それで、社会学部ができたときはそれでよかったんだけど、次の年に理学部

ができたでしょう。理学部ができたときに、土地が足らなくなったそうです。文部省が理学部を認可するときに、2万坪足らんけれども、とりあえず認めるから、とにかく可及的速やかにこれを満たせと条件をつけたわけです。文部省としては1961(昭和36)年からずっと言い続けて今日まで来てるんだというわけですね。

それで私も文部省に行ったら、とにかくおまえのところは理学部に言うてるのに、一向に土地の手当てせんではないかと、こう言われてびっくりしましたね。まさかそんなことがあるとは思ってなかったですから。これで困ったな思いまして、そのことを、久保学長に相談しに行ったわけです。そしたら、久保さんも心配して、ああそうか、それやったら何とかしようというわけで、久保学長と学部長が一生懸命に知恵を絞って、2つの策（関学の校地は登記の面積よりも実測では1万坪ほど広いこと、千刈セミナーハウスを校地として認めてもらうこと）を持って文部省に請願に行ったわけです。

そのようにして問題をクリアしてできたわけです。こうして社会福祉のドクターコースまでできちゃったわけです。

それから、2つ目のタルコット・パーソンズという、世界的な学者を呼ぶというようなことも、ちょっと最初、何か夢物語みたいだったんですけどもね。私がマスターのときに書いた論文が、実はこの先生の社会システム論だったのです。それから私はアメリカに留学したのですが、その時は残念ながら、この先生のシステム論を勉強に行ったのではないのです。行った大学が、たまたま都市研究の強い学校で、結局僕はそれを勉強せざるを得なかったので、理論から都市研究へというふうに、留学のため転換したんですけども。

しかし、マスター論文で書いたこのパーソンズ先生への思いというのがありましたので、できることならお呼びしたいなと思って、それまで何の関係もなかったんだけども、手紙を出したんです。私は、マスター論文で先生の研究をしたことがあるんですけど、私の学校でビジティング・プロフェッサーというシステムがあるから、それでお迎えしたいと思うけれども、来ていただけませんかと。往復の旅費と滞在費を出しますから、来てくれませんかと招待状を出しました。

それとあわせて、先生の1つの論文を「社会システム概論」という名前で翻訳出版したいから許してほしいというお願いを合せて、手紙を出したんです。そしたら、それから半年ぐらいたってから返事が来て関学に行くことも、翻訳も認めてくれました。これでまずビジティング・プロフェッサーとして呼ぶことが決まりました。

その頃、学院本部の方で千刈セミナーハウスの開館式のため海外から世界的な有名人を招待するという話が持ち上がり、パーソンズ教授を当ててはという話になった。その方が、客員教授より手当も多いというので、千刈セミナーハウス記念セミナー講師という名目で招くこととなった。

千刈セミナーハウスでセミナーをやったら、75人定員のところに、全国の社会学者が100人来たんです。それぐらい大盛況で、そして関学でもこんな世界的な学者を呼んだことはないということで、今でもパーソンズを呼んだ人やということで、僕の名前を憶えてくれる人がいるぐらいです。だから大変なイベントだったんですよ。

3ヶ月間、学院のゲストハウスに滞在したが、集中講義の他、数多くの講演会やセミナーを行った。関西学院では、パーソンズ教授に対して、学問上及び関西学院大学への貢献を高く評価し、関西学院大学名誉学位を贈呈した。

そういうわけで、私が企画した2つはともに成功しました。でも、パーソンズ先生は、クリスマス前に帰国され、翌年、5月18日、ドイツ、ミュンヘンに、ご自分の学位取得50周年記念に招待され、その講演会をした夜、心臓病で亡くなられたんです。

タルコット・パーソンズ教授

1977	西山美瑳子教授、山本剛郎助教授、就任
1977	社会福祉学専攻設置準備委員会設置（委員　杉原、嶋田、萬成、本出、武田、青山、髙田、学部長）
1977	社会福祉人事専攻委員会設置（委員　倉田、萬成、本出、武田、青山）
1977	社会福祉学専攻博士課程増設申請
1977	山口恭平事務長、就任
1977	山中良知教授、退職（ご逝去）
1977	村山冴子教授、就任
1977	博士課程増設申請には福祉課程に6名の専任が必要なため倉田教授を社会学専攻から社会福祉学専攻に変更
1977	J・バランディエ氏（パリ大学）との懇談会
1977	L・エヴァンズ氏（メルボルン大学）との懇談会
1978	成田空港開港
1978	ニクソンショック、金本位制停止
1978	客員教授制度制定
1978	青山秀夫教授定年退職
1978	小寺武四郎教授、学長就任
1978	加藤春恵子助教授、就任
1978	T・パーソンズ氏講演（「現代社会学の展開 - 反省と展望」）およびセミナー
1978	社会福祉学専攻の博士課程設置申請が認可された

第四章　社会学部の歩み

学生の人気を集めたメディアコース

紛争後、津金沢聡広を中心としたメディアコースは学生の人気コースとなり、現在にいたるまでその人気は衰えることはない。そもそもメディア研究、メディア教育はどのようにして生まれ、変化してきたのか。

1979　国際交流センター設置
1979　国立大学共通一次試験開始
1979　スリーマイル島原発事故
1979　学院創立90周年記念式典
1979　ソ連、アフガニスタンへ侵攻
1979　卒業式・入学式が総合体育館で行われることになったので社会学部での卒業式・入学式は今年度以降中止
1979　安田三郎教授、安藤文四郎専任講師、芝田正夫助手、就任
1979　客員教員：新明正道氏、J・E・トロップマン氏
1979　卒業単位数削減（卒業論文4単位（6単位）/自由選択0単位（4単位）/総単位数144単位）
1979　SMUと姉妹校提携覚書調印
1979　キッドラー氏（フルブライト研究員）講演
1979　ウィンストン・デーヴィス教授、就任
1979　富永健一氏（東京大学）創設20周年記念学術講演（「日本の階級構造」）

鈴木信五郎

受け継がれるメディアコース

津金沢聡広

　新聞史の研究では、ぼくは、小新聞というものも研究したんですが、小新聞というのは、通俗的な絵入り新聞などです。昔は写真の代わりに絵が入っていたんです。明治の時代、普通の文字だけの新聞というのは、旧士族層などが読むもので、一般庶民は、絵入り新聞を読んでいる人が多く、こっちの方が一般的には人気があった。錦絵新聞とか、写真が登場する以前は、そういう絵入りの新聞がよく読まれていた。ぼくは、新聞の研究といっても、そういう点に注目して、新聞の歴史は、始まったんだということを調べ始めたんです。文字が読めない人もいるから、絵だけでもわかるメディアとして『小新聞』は、はじまったということです。その後、映画や、写真がでてきたら、そちらも調べていったということですね。

　それで、ぼくが関学で最初に書いた論文は、『小新聞成立の社会的基盤』というものです。じつは、『朝日新聞』もはじめは、小新聞で、絵入り新聞だったんです。旧士族層向けのものではなく、庶民に絵を入れてわかりやすく社会事象を書きだした新聞だったんです。版も今の新聞のサイズではなく、より小さい版で刷られていました。かわら版の発展版ですね。『毎日新聞』は大きな版で刷られていました。『読売』と『朝日新聞』はもともと小新聞で、大衆新聞だったんです。『毎日』は大新聞で、正論紙として出発しています。『朝日』と『読売』は、もともと娯楽・雑報紙でした。娯楽・雑報紙だった『朝日』・『読売』が、今でも生き延びているわけです。

　ぼくは、結局、助手を4年間勤め、鈴木信五郎先生が亡くなられた後、専任講師になりました。それで、藤原先生が、新聞学で、ぼくが、広報社会学と放送論と両方やれと。そのあと、山本武利（Ⓢ1974-1977）さんにきてもらった。今は、早稲田の政経の教授をやっておられます。当時、彼は一橋出身で、東大新聞研究所の助手をやっていたのですが、3年で東大をクビになるというので、メディア史専攻の公募に応募してもらったのです。山本さんは実力がある方なので、教授会で審査してもらっても問題なく来てもらいました。その後、山本さんに3年いてもらって、入れ替わりに真鍋さんに来てもらいました。芝田さんは、その後ですね。それから、加藤春恵子さん（Ⓢ1978-1988）に来てもらいました。彼女は、桃山学院にいたんですが、コミュニケーション論を担当してもらいました。加藤さんには、女性論も担当していただき、彼女と共同研究で『女性とメディア』という本も出しました。彼女と、「女性とメディア」という連続講義を開いて、現場で働いている関西の女性のジャーナリストに来てもらって話をしていただき、それを1冊にまとめたんです。それは、女子学生からは関心を持ってもらいました。それから、加藤さんには東京女子大から話が来て、移られたんです。

　その後、石川明（Ⓢ1991-2003）さんに来てもらいました。石川さんは、ＮＨＫの放送文化研究所の主任研究員で、ドイツのメディア史研究では第1人者でした。

　マスコミコースは、ぼくと真鍋さん（Ⓢ1971-2009）と、芝田さんの3人ではちょっと少なすぎるから、増員してほしいと教授会にずっとお願いしてようやく増員が認められたんです。ぼくと、芝田さんは30人くらいゼミ生をとるんですが、ひどいときには、2クラスとったこともあります。学生には不満があって、マスコミコースへ行きたいのに津金沢と芝田のゼミに断られたなんていわれていましたから。ゼミの運営が可能な人数には限りがありますからね。それで、もう1人取ってくれと、ずっと教授会にお願いしてきたんです。そのあと、採用となったのが、広告論の難波功士さん（Ⓢ1996- ）でした。

関西学院大学社会学部の特徴

学部創設以来の自由な議論を認め合う気風は、どのように醸し出されたのか、津金沢聡広が語ってくれた。

社会学部の自由な気風

津金沢聡広

　関学の社会学部は割と自由にバンバンいいあう雰囲気がありましたね。他の大学でも、他の学部でも話を聞くと、先輩の教授のいうことには、逆らえないような雰囲気があるようですね。先輩に対しても自由に意見がいえるのは、社会学部と法学部といわれています。その理由の一面は、私の勝手な見方では、領家先生や、萬成先生が創ってこられたよき伝統ですね。割といいたいことをいいあう雰囲気を創ってきましたからね。お2人はケンカしながら、仲がいいんですよ。学生問題なんかでね。萬成先生が、どちらかといえば厳しい意見で、領家先生は、どちらかというと、学生側に近い意見で。お2人がバアーっと、きびしくいいあいますからね。定平先生とか、余田先生が、2人の間に入って苦労されていましたね。2人とも関学のご出身で、関学のいい意味での良さというものを持っておられましたね。本当のリベラルというんですかね。人間的に豊かで幅が広いんですね。

　余田先生は、関学から九大にいって帰られてこられたんですね。ある意味で、度量があるんです。あんまりガーガーいわないで、お互いの人間的な信頼感を大事にするというか、そんなところがありました。余田先生も、定平先生も、そういう面を持っておられましたね。ぼくなんかもそうですが、他所からきた先生は、自我が強すぎてね、なんていうか自分のことばっかりいってね。領家先生と萬成先生はまたちょっと違うんだけど。その点、定平先生と余田先生なんかが、議論している間にいてくれたら、剣呑な雰囲気が和むんですよ。やっぱりそうやなあという感じで、落とし所が見つかるんですね。これは、関学のよき伝統だと思うんです。へんに荒立てないで収めるべきところに収めるという。その間は自由に議論させるんですよ。そこのあたりの度量が素晴らしいと思います。ぼくは他の大学にもかなり行きましたけど、非常勤も含めたら20か、30くらい行きましたけど、関学の社会学部はいいところでしたよ。

1980　竹内愛二元教授ご逝去
1980　校内暴力急増、社会問題化
1980　小関藤一郎教授定年退職
1980　蔵内数太氏講演（「社会学の視野」）

定平元四良 110

加藤春恵子の授業風景 111

第四章　社会学部の歩み

蔵内数太と領家穣

蔵内・領家の師弟関係が、関西学院大学社会学部の一つの大きな魅力を生み出していた。数多あるエピソードの中から、その際だった関係がうかがい知れるものを紹介する。

1981　中国残留日本人孤児、初の正式来日

1981　城崎進教授、学長就任

1981　履修内規改正（研究演習Ⅰ・Ⅱ担当者は同一担当者を履修しなければならない。但し、教授会の承認を得て年度替わりに演習の変更許可することがある。）

1981　村上八千代さんの盲導犬イリヤ号の取扱いについて、社会学部教職員・学部長会にお願いした

1981　石井佐兵衛事務長、就任

1981　久山康院長より校地不足問題について、教授会で懇談するように要請

1981　第1回SMU夏期英語研修プログラム実施

1981　外国人教員：C・G・レデコップ氏

1981　マッテス氏（西ドイツ社会学会会長）講演（「西ドイツにおける宗教的変化」）

1981　阿部志郎氏（横須賀キリスト教社会館）講演

1981　M・モーリス氏講演（「フランスにおける労働社会学のフロント」）

1981　T・ホール氏講演

1981　サティヤ・ワチャナ・キリスト教大学（インドネシア）と交流協定締結

蔵内社会学の裏表

領家穣

現場に行くことは大事だ。でもな、現場へ行っても、見る気のないやつにはわからへんのや。いや、見えないのがわかっているから行かんのや。やっぱりこれについても教えてもらったのは、蔵内さんだ。蔵内夫人の話だが（私の女房経由）、蔵内先生も、現物にぶつかったときに絶対わからん人なんだ。雪舟等楊の銘のある"山寺の図"はこのお寺でなきゃならんはずやといって現場に行くわけや。

ここに雪舟の墓があるに違いないと思うて行っているわけよ。仮説はそこまで持っているんや。理屈で考えて、西側に中世まで文殊堂があったことまで文献で調べて、備中の重源寺でなきゃいかんというところまでは行くのや。ところが、現地では先生は何遍回っても墓には気がつかんのだ。

それで、夜中におれのとこへ電話かかってくるわけよ。「領家、こんな墓があるのだ」と。墓の上の笠が六角形で、6面の胴にはみんな僧形のお坊さんの浮き彫りがあり、左から右にかけて、竿なのか杖なのかわからん棒みたいなものが彫ってある。下は自然石だという。夜中の12時ごろに電話がかかってくる。「領家、おまえどう思う」といって。そんなもんこっちは、突然いわれても、全然わからへん。そうすると、夜中の3時半ごろにまた電話がかかってきて、「領家、解けた！上の六角形は雪の結晶や。真ん中は竿や、舟ざおや」。「雪舟や、雪舟の墓や」いうて。

ああ、やっぱり蔵内先生、偉いなと思うやろ。ところが、そのお墓を何遍回っても先生は気がつかなかったんだ。奥さんが、ほっとくと出ていきそうになるから、「この墓、なんか変わっていますね」といわれたそうだ。奥さんは、最初から気がついてるわけだ。この話はおれの女房がおらなかったら、絶対に聞けなかった話なんだ。蔵内先生の奥さんもおれには、一度もしてくれない。おれの女房に蔵内夫人が話してくれたのを聞いてわかった。そうでなかったら、先生が自分だけで見つけたことになったはずである。

もう1つ、蔵内先生と奥さんの話というと、先生は研究室へ来ると、講義が嫌いなような顔はしていない。そんな素振りは、まったくない。ところがうちの女房と奥さんが話ししてくると、奥さんが最初に訊いてくれたのは、「領家さん学校へ行きたがりますか」という問いだった。「行きたがらなくて困ってます」というと、「うちもそうです」とはいわない。「蔵内は今でも靴履いてから30分もめます」という話だ。阪大の主任教授をやっている時代にだ。そのときに、例えば「学生が待っているでしょう」とか、「月給もらっているでしょう」とかいうと途端に、「学校へ休講の電話をかけなさい」ということになるから、話しかけたらいかんといって厳重に教えてくださった。黙って頭下げて聞いてなさいと。そして、ごねる種がなくなったなと思った瞬間、「行ってらっしゃいませ」って最敬礼するんだと。蔵内夫人はそうやって亭主を送り出していたのだ。それが、学校へ来るとまるで鬼神の如く完璧な授業の準備をやられるから、助手をやってはいるが、いつ辞表を出そうかと、そればっかり考えとったぐらいだ。だからその話を聞いて、ああ、それならおれも大学の教員を続けることを考えてもええんやと思いはじめたわけだ。

蔵内先生の奥さんな、うちの家内が行くと、掃除していた箒もそのままにして、そんな話を始めるのだそうだ。おれも女房から話を聞いて、蔵内さんの表と裏の姿がわかったんだ。人間あらゆる方向から話を聞いてみんと本当のことはわからんもんや。

蔵内数太著作集の出版

領家穰

　それから、蔵内先生の著作集というのを5巻出す話が出てきた。直接蔵内先生のお弟子さんが、いろいろいるわけで、おれは、阪大で蔵内さんの助手になったというだけの関係やから黙っとる。先生は著作集を出したいわけや。自分が金出してでも出したいと思うとられる。だけど、先生にしたら、著作集を出すのに、何ぼかかるかなんて考えたことはない。

　山中良知先生は、チャプレンの予定で関学に来たのに、何かの事情で反対され、受け持つ仕事が無くなって困っていた時に、蔵内さんが社会倫理の講義枠を創るように提案してくれて、助けてもらったと恩義を感じていた。山中さんが大学本部でいろんなことを話しているときに、著作集の企画があるらしいが出ないという話をした。以前社会学部の事務長で、蔵内先生の推薦で映画演劇論を担当した藤井康雄さん（Ⓢ1960-1966）が、大学事務室長をしていたのだが、名前を伏せることを条件に、白紙の小切手を250万円出してくれた。やらなきゃしょうがなくなって、動き出した。おれもまとまった額を出す、ゼミの卒業生関係では、追手門学院大学の教員になった吉田・矢谷の両君、神戸女学院へ行った六車君がそれぞれまとまった額を出して、関学のグループだけで300万円近く集まった。

　呼びかけ人を選んでその筆頭を清水盛光先生（1904-1999　Ⓢ1968-1973）に頼みに行った。「領家くん、筆頭というのは金を出せということだろう」というて、すぐ30万円出してくれはった。みんな出さないわけにいかない。10数人いた呼びかけ人がみなそれぞれなにがしか出して、最初の募金だけで、千何百万円集まったんだ。5巻全部出しても十分間に合う。何もかも全部払ってなおかつ六百何十万円余った。藤井さんの小切手が引き金になった。蔵内先生の葬式の費用もみんな出した。蔵内先生は、知らず仕舞や。

山中良知

清水盛光

蔵内数太ゼミ

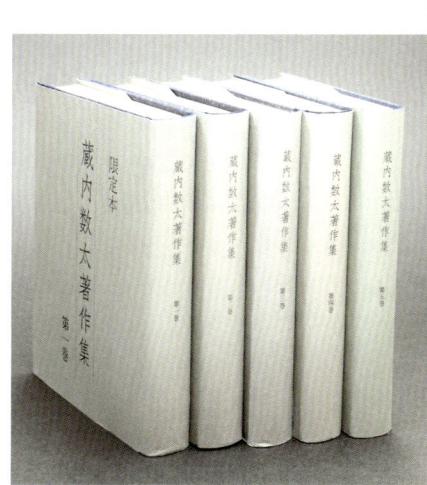

蔵内数太著作集
関西学院大学生活協同組合出版会
第1巻1978、第2巻1977、第3巻1976、第4巻1979、第5巻1984

第四章　社会学部の歩み

開かれた社会学部

新しい学部であった社会学部には、他の学部にはない幾つかの特徴があった。その特徴について、3期9年間、院長をつとめた宮田満雄に語ってもらった。

民主的な運営

宮田満雄（Ⓢ 1968-1999）

1988年当時の事務室

宮田満雄

学部によっては事務局がカリキュラムの編成や改編に関していろんな細かいことまで関わらないという雰囲気の学部も恐らくあっただろうと思いますが、僕が在籍している間に、社会学部はカリキュラムの改編を何回かやりました。そのとき、記録をする役目ばかりでなく、新しいカリキュラムを組む骨組みを作るときに、教務の担当の職員も、実際の議論の中に一緒に入ってやりました。もちろん1つ1つの科目の中身は、これはもう先生たちに任せないといけないけれど、大きな枠組みつくりについて、科目の数とかバランスとかについては、学部の一員として職員も、カリキュラムの編成会議に参加していました。だから、その点は社会学部の運営というのは、非常に民主的で、開かれた運営がなされていたといえます。

僕は英語を担当していましたが、どうしてそんなことを知っているのかというと、学部長の下に、教務、学生のそれぞれ担当がいて、そのほかに、学部長室委員というのが何人かいて、そこが学部長室委員会というのを開く形にしていたわけです。そこには、学部長と教務主任、学生主任、それから学部長が選ぶ2、3人の教員と、もちろん宗教主事もですが、英語とかほかの教養の科目の人も入るのです。だから、紺田千登史さん（Ⓢ 1967-2006）とか森川甫さん（Ⓢ 1963-2001）とかも、その経験がある。僕も、そこに入れてもらっていたわけです。

だから、あるとき教務副主任もさせられたことがあります。それで、そのときの教務主任は倉田さんで、学部長が萬成さんでした。ところが、倉田さんが半年ぐらいして海外留学しました。そしたら教務主任を、僕が教務主任の代行みたいにしてやらないといけなくなったのです。大学全体の教務主任会議がある時には、それに僕が出ていくのです。そしたら、ほかの学部の教務主任の先生から、「宮田くん、何や、君の担当は英語と違うのか」といわれました。よその学部では、語学担当の人が教務主任になるということはほとんどない人事でした。ところが、半年の間、僕が教務主任を任されていたのです。おそらく社会学部だからああいうことができたと思います。ほかの学部ならできないでしょう。

今、僕が言った雰囲気が、形の上で学部の紀要によく現れています。それは、紀要の名称が社会学紀要じゃなくて社会学部紀要となっていることです。社会学部で仕事をしている人なら、その人の担当科目とかには関係なしに論文を掲載する。それはある面から見たら非常に民主的で均等に、論文を発表できる機会を与えているということです。ところが、ほかの学部は、経済学紀要とか文学何とかで、学部紀要になってないと思います。これにはよしあしがあって、社会学部紀要としていろんな大学に送るでしょう。そうすると、「何やこれ、違う論文も入っているやないか」という印象を持たれることも確かにあったようです。だけど社会学部は、この際、社会学紀要にしようやとか、教養や語学の担当の人は関西学院には他に紀要があるからそこへとか、やっぱり自分の専門の学会に出してもらうとか、そういうふうにはならなかったわけです。いろいろ意見はあったけど、今でも学部紀要でしょう。

日本国民の意識とは

髙坂健次は、数理社会学の日本における草分け的な存在となった。その代表的な成果が、高度経済成長期を経た日本人の意識について、数理社会学を用いた分析だった。

F・K（ファラロ・髙坂）モデル

髙坂健次

　足掛け4年に亘る留学生活に一応の区切りをつけて帰国したのが1976年でした。1976年というのは、日本で「新中間層論争」という論争が流行っている時期でした。朝日新聞の紙上で論争が行われたのです。今はそんな感じはないですけど、当時は1億総中流化だといわれていた時代ですよね。住宅事情がよくないとか、いろいろな事情は豊かではないにもかかわらず、ようするに、みんなが自分は中流だと思っている。国民の9割以上が自分を「中」だとみるようになった。そして、なんで人々の意識の中に「中」だという意識が多いんだろうかという問題意識が、論壇の中にも生まれた。その問題について数理社会学の立場から、1つの答えが出せないかなと思って考えたのが、今FKモデルと呼ばれるファラロ・髙坂モデルです。ファラロの元々の考えには、分布という考え方は入っていなかったが、そこに分布の問題を結び付けたというところがファラロ・髙坂モデルの一番のミソだと思います。

　理論を数学的に表すということが、フォーマル・セオリーの意味です。フォーマルというのは数学的なという意味です。何か理論があって、それを数学的に定式化することを、フォーマライゼーションといういい方をしますから。私が差し上げた本は、そのうちのたった1つの「階層のイメージ」という問題について、応用した一例にしたにすぎない。ですから、『フォーマル・セオリー』は、ファラロが、『ディープ・サウス』[注4]をヒントに作りあげた「階層のイメージ」モデルを出発点にして、人々の意識が、なぜ、中意識に実際以上に増えるのか、数理社会学で捉え、その分析を通して説明してみせたものです。

　分布の視点を加えたということは、自分が自分を取り巻く社会をどのように見ているかということで、そのイメージは、たとえば、自分が最下層にいる場合と、最上層にいる場合と、真ん中にいる場合では、違うようにこの世の中は見える。その違うように見える社会の中で、自分自身を、どこに位置しているとみるかについて仮説を立てる。そうすると、見えている社会のイメージはいろいろと違うのだけれど、自分の位置は、それぞれ違う立場の者が、真ん中へ、真ん中へ、寄せてイメージする。それで真ん中だけを合わせて分布をとると、分布上真ん中が膨らんで見える、そういう考え方ですね。だから、客観的な実態というものが仮にあるとすると、自分自身の認識、そして人々の認識というものは、客観的な現実からは外れたものになるということです。認識が現実とは外れたものになるということは、みんな感づいているかもしれないけれど、それがどういうふうに歪んで見えるのかというメカニズムについてはやはり説明が必要です。そこのところが数学モデルの一番の面白いところだと思います。それが、結局は、自分自身としての一番大きな仕事になりました。

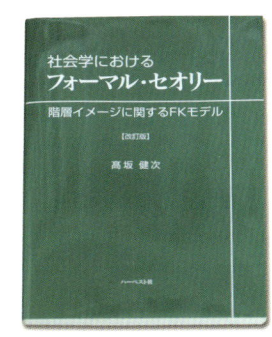

髙坂健次著（ハーベスト社、2000）

注4：デイヴィス、ガードナー夫妻らによるアメリカ南部のオールドコミュニティにおける白人社会の階級構造研究　1941

髙坂健次ゼミ（1988）

関西学院大学とのめぐりあい

社会学部設立早々にも教員候補に上がっていた西山美瑳子は、その15年後、着任することになった。その西山が、1993年には、関西学院大学で最初の女性学部長となった。

つながりの中で社会学部へ

西山美瑳子（Ⓢ 1977-1997）

西山美瑳子

牧、遠藤、西山合同ゼミ

牧、遠藤、西山合同ゼミ企業訪問

　私は、関学社会学部には、1977年4月に着任しました。それまでも、関学には非常勤講師として来ていましたし、萬成先生、遠藤先生、牧先生とは共同研究もさせてもらっていました。遠藤先生と牧先生とは、ゼミ実習を共同で開催させていただきました。合計でゼミの学生数は60～70人ほどになりました。その合同ゼミ実習では、全員にそれぞれ違う課題で宿題を出しました。最初は、2人一組にしていたのですが、大型コンピューターの端末操作を、できる方に依存してしまい片方にまったく力が付かないということがわかり、みんな1人1人に違う宿題を出しました。3人の教員が集まって重複しないように各学生受持ちテーマを決めるのは、なかなかたいへんでした。そこまでやるところは、めったにないでしょう。だから、私はいいところに入れていただいたと、感謝していました。

　学部長になった時、学部長室委員会でも、教授会でも、自由にいろいろな意見をいってもらいました。教授会の時、ベテランの先生が心配して、「こんなにいろいろな意見が出てもいいんですか」といわれましたが、「どうぞ、どうぞ、みなさんできるだけ意見を出してください。そうでないと、クリエイティブな事はできません」というと、安心されたようでした。議論する上での方法論としては、同じ土俵で、細かい方へ細かい方へ議論するのではダメです。まず、土俵自体を議論したら、また、話は変わってきます。小さい土俵の上だけで、引っ張りあって話をするから、細かいことになる。大きな外枠から話をしたら、いくらでも展開が変わってきますから。

　私が担当した「産業社会学」は、多くの先生方が育ててくださった科目で、その歴史的重さを自覚しておりました。しかし、時代の影響をもろに受けたと思います。その主題である産業社会そのものが急激に変容していく状況が鮮明になってくると、この変貌の姿を授業に入れていく必要を感じ、毎年の授業内容を、その変化に対応して組立てていくことを心掛けてきました。私は課題テーマ毎に参考文献は明示するけれども、一貫したテキストは使えないと判断し、毎回の授業に出来るだけ最近の資料を提示することにしました。そのため常時、アンテナを意識的にはりめぐらせて、社会事象がどう変化しつつあるのか、これから先の姿は？と在職中はずっと緊張のしっぱなしでした。在職中に担当した産業社会学は、いわば情報社会への過渡期の説明のつなぎ役をやっていたようなものでした。現在、社会自体が「情報社会」になっているので、学科目としての「産業社会学」が姿を消したのは自然のなり行きでもありました。社会システムや社会事象の変化の資料を提示しつつ、学生諸君がこれからの社会変化の中で、たくましく生き抜いてくれよ、というのが私の心からの願いでした。本当は未来学に踏み込みたいところですが、しかし世界の政治、経済、思想状勢が混沌として、これまた不確かなものですから、現状から将来の社会を予見すること事体の難しさを感じていたことでありました。

土地問題に端を発した関西学院大学の混乱①

久山康理事長・院長（1915-1989）は、就任以来、校舎や校地の拡充と整備に尽力しただけでなく、学院の将来の発展のため、新しい土地の収得に務めた。1985年6月、兵庫県が造成した北摂三田市の土地（神戸・三田国際公園都市西地区、以下「北摂地区」と略記）約200,000坪（64.1ha）購入計画を理事会に提案した。その余波は、社会学部にも及んだ。

学部長への就任

武田建

　当時の社会学部の中には、2つの異なる意見やグループがあったと思います。しかし、社会福祉専攻の私たちには、あまり関係のないことでした。ところが、1982年の学部長選挙の教授会で、杉原先生が「建、おまえが学部長やぞ」と、私のわき腹を突いてくるじゃないですか。「え、うそでしょう」。ホワイトボードの上に書かれた投票数が、私の座っているところからは光って良く見えなかったんです。とにかく私は、倉田先生と遠藤先生の間の学部長になってしまいました。2つのグループが学部内で対立していたので、武田にさせるのが無難だろうとぼくのところにお鉢が回ってきたのだと思います。それで、学部長をやらせていただくことになりました。杉原先生のご指示で、学部長を経験された先生のところに、ご挨拶回りに行きました。

　この時、私は初めて、学部内のポリティクスに巻き込まれたのです。それで、教務主任は、中野秀一郎先生（Ⓢ 1971-1994）にお願いしました。それまでは中野さんとは、あまり接触はなかったのですが、教務主任になっていただいて、急速に親しくなりました。遠藤先生には、いつも後ろから支えていただきました。当時は、学部長は1期2年で、複数期をやるという習慣でした。たしか倉田先生は3期6年間、お務めになりました。それで、2期目はすんなり当選してしまいました。その理由は、私が司会をすると、教授会が早く終わるからだったのでしょう。在任中に1時間を切ったことが、2回くらいありました。杉原先生が、「おー、1時間切った」と拍手をなさると、みなさんが一斉に拍手をしてくださったこともありました。とても和気あいあいとした教授会でした。ぼくの学部長時代には、たいてい1時間半くらいで終わっていました。

遠藤惣一（Ⓢ 1961-1995）

　当時、武田さんは、そういう学部内の問題や、全学の問題なんかにまったく無関心やったんや。もし、武田さんが学部長候補になったら、福祉の票が見込めるから、まったくその気のなかった武田さんを推したんや。

　そしたら、おかしなもんや、武田さん、一気に目覚めたんやな。今度は、城崎進学長（神学部）が突然辞任して、武田さんが「学長事務取扱」になり、学院改革に取り組まないといかんということで、立ち上がって積極的に動いたんや。

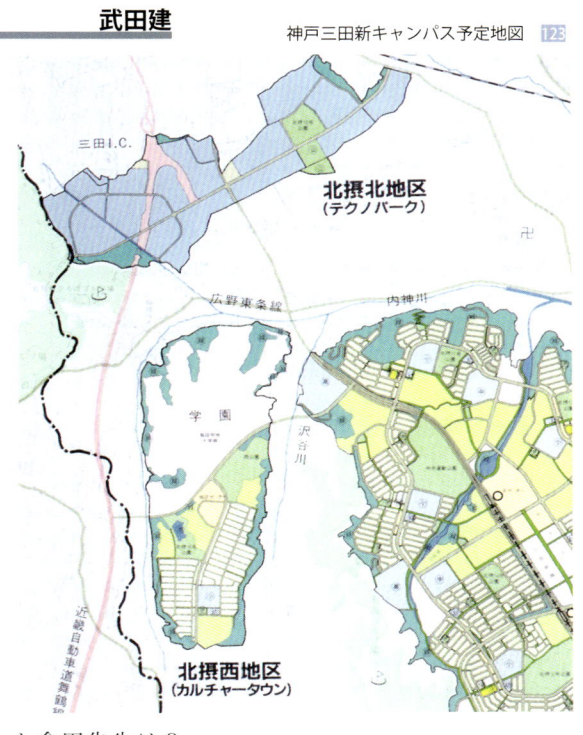

神戸三田新キャンパス予定地図 123

1982　学部長：武田建教授
1982　客員教員：C・J・ヒューストン氏（トロント大学）
1982　吉林大学と交流協定締結
1982　W・ホワイト氏（コーネル大学）講演（「社会的諸問題の解決と社会理論」）
1982　村山冴子教授、退職（ご逝去）
1982　客員教員：R・ガーバー氏
1982　交換教授：B・J・メイナード氏
1982　吉林大学代表団来学

久山康 124

第四章　社会学部の歩み

様々な専門分野

個性ある教員が集った社会学理論コースは様々な専門分野に分かれていた。その中から集団力学の佐々木薫と宗教社会学の對馬路人を紹介する。

1983　大韓航空機、ソ連軍機に撃墜

1983　教員の定年68歳に延長

1983　芝野松次郎専任講師、就任

1983　ハリー・K・西尾氏（トロント大学）講演（「北米社会学の三〇年」）

1983　客員教員：R・M・マーシュ氏（ブラウン大学）

1983　客員教員：S・C・クライン氏（ヨーク大学）、別府春海氏（スタンフォード大学）

1983　三隅二不二氏（大阪大学）講演（「荒廃する管理社会と新しいリーダー」）

1983　H・M・ケプリンガー氏講演（「戦後の西ドイツにおける情報社会の発展」）

1983　余田博通教授、退職（ご逝去）

1984　デーヴィス教授定年退職、本出祐之教授、海野道郎教授、退職

1984　鳥越皓之教授、浅野仁助教授、就任

1984　小倉克秋事務長、就任

1984　C・ジョーンズ（トロント大学）講演

1984　客員教員：ザイツェリン氏（トロント大学）

1984　河合隼雄氏講演（「日本人のこころ」）

佐々木薫 125

グループ・ダイナミックス（集団力学）の担当者として九州大学の教育心理学出身の佐々木薫を採用した。

「集団力学」開講

佐々木薫 Ⓢ 1967-2003

私は1967年4月関学社会学部にグループ・ダイナミックス（関学では「集団力学」）を担当する専任講師として着任しました。前任者は社会学の蔵内数太先生であったと聞かされています。グループ・ダイナミックスは社会学と社会心理学の境界に位置する学問分野ですが、方法論は心理学寄りです。この人事は学部全体の研究・教育体制から言えば、理論社会学から実証的社会心理学への傾斜を意味していたのかも知れません。着任当時社会学部には田中國夫教授（社会的態度の研究）と杉山貞夫助教授（人間工学）（Ⓢ 1961-1998）がおられ、私を加えて3人でいわゆる"心理系"の教育・研究を担当することになりました。この心理系は当時のコース分けでは「理論コース」に含まれていました。

学部ではゼミ生や大学院生の協力を得て関西の企業や学生団体を対象に、主としてタイプの異なるリーダーシップが集団の凝集性、成員間のコミュニケーション、集団規範に、そして最終的には集団の成績（生産性）にどのような影響を及ぼすかを調べる現場調査、現場実験、実験室実験などを重ねてきました。中でも神戸市消防局からの委嘱調査にゼミ生・院生総出で取り組み3年間にわたって報告書を出したことが強く印象に残っています。

私の学位論文は「集団規範の実証的研究」で、集団規範の概念規定とその計量的測定方法（リターン・ポテンシャル・モデルの拡充）から始めて、規範の構造特性を規定する要因、規範の変容過程、集団の規範と生産性の関係を検討した11個の実証研究を呈示し、最後にそれらを通じて得られた知見を総合的に理論化することを試みています。

佐々木薫ゼミ 126

宗教社会学とくに新宗教について

對馬路人（S 1985- ）

　大学院に入った頃は、マックス・ウェーバーや当時台頭しつつあった現象学的社会学の宗教社会学の理論なんかを研究していたんですが、宗教社会学研究会という若手中心の研究グループに入ってからは、現代の宗教というか、日本の新宗教の研究に入っていきました。この場合の新宗教というのは、幕末・明治以後に創始された宗教という意味ですね。

　テーマとして調べてまとめたのは、幕末維新以降の新宗教の教えの比較です。神道系があったり、仏教系があったりするのですが、教えを比較してみると案外共通のところがあるんじゃないかと予想したんです。宗教上のルーツが違ったり、教祖も違うのですが、救済観といいますか、教えの構造、人間がなぜ不幸になって、どうやって救われるのかという考えにはかなり共通の面があるのではないかと考えたんです。それを大づかみに「生命主義的救済観」と名づけました。その宗教社会学研究会では、これまでの新宗教の研究を総括するということで、新宗教事典を出したり、そのために全国各地の新宗教を回ったりしましたね。

　どうも、メジャーなもの、先進的なものよりも、マイナーなもの、とり残されたものの方に個人的にはひかれるところがあります。宗教は、日本の社会学の中でメジャーな研究対象ではありませんよね。とくに新宗教は、社会現象としては、いかがわしいものだと、むしろ病理学的に扱われるほどにマイナーですからね。でも、いろいろ実際に接してみると、まあ、気付かなかった面白さがあったりします。なんというか、日本の普通の人たちが、手探りで作り上げたような教えであったり、組織であったりするわけですよね。決して洗練されてはいませんが、非常に根強さというか、バイタリティーをもっていたりします。そういうのを明らかにしていく必要性を感じます。

　最初は、教えの比較から入ったのですが、そこで抽出された共通の構造は、ある程度、日本の多くの人が持っている宗教性を膨らませたようなものなのです。そういう意味では、新宗教は、日本社会では一般的には異端的な宗教のように捉えられていますが、じつは、ある種、日本人の宗教性の中核的なものが花開いているということがいえると思うのです。既成の宗教では、神道もですが、仏教などではとくに宗派ごとの教学がありますから、そちらに深く入ると、そちらの方からの影響を強くうけて、本音をいいづらいような面があるように感じます。むしろ、教学とかあまり勉強していないといったら怒られるかもしれないけれど、深入りしていない分、むしろ本音が表れるというか、そういう現象として捉えられるのではないかと思います。

　宗教社会学は日本の社会学の中ではマイナーな分野でしたから、大学院の指導教官からはなかなか就職口はみつからんぞなどとおどかされていました。最初の赴任先は青森の大学でしたが、そこでは文化社会学や家族社会学が担当でした。そのうち以前関学におられて生駒山系の民俗宗教調査にもかかわっておられた塩原勉先生から、関学で宗教社会学の公募があるので受けてみないかとお誘いを受けました。キリスト教主義の大学であることは知っていましたので、信仰も研究もキリスト教にあまり縁のない私ではむつかしいとは思いましたが、めったにないチャンスと考え、エントリーしたところ、ラッキーにも採用していただきました。社会学部の懐の深さに救われました。

1985　嶋田津矢子教授定年退職

1985　荒川義子教授、髙坂健次助教授、對馬路人助教授、就任

1985　鶴見和子氏講演（上智大学「日本人と創造性」）

1985　武田建教授学長事務取扱

1985　客員教員：E・H・バクスター氏（オレゴン大学）

1985　武田建教授、学長就任

1985　学部長：遠藤惣一教授

對馬路人 [127]

第四章　社会学部の歩み

1986　チェルノブイリ原発事故

1986　プラザ合意　急激な円高

1986　杉原方教授定年退職

1986　立木茂雄専任講師、宮原浩二郎専任講師、就任

1986　授業スケジュール変更　夏期休暇前に前期授業終了

1986　R・M・ポイ（カリフォルニア大学）講演（「アメリカのアジア政策の原点」）

1986　客員教員：H・ヒラヤマ氏（テネシー大学）

1986　中国社会科学研究所訪日団が本学部訪問

1986　客員教員：Y・タケシタ氏（ミシガン大学）

1987　阪田安雄氏講演（「メキシコ五稜郭の夢を見た」）

1987　客員教員：H・ニシオ氏（トロント大学）

1987　A・T・ターク氏（トロント大学）講演（「カナダにおける若者の行動分析」）

1987　G・ホーフステッド氏講演（「儒教と経済成長」）

1987　岡部衛一郎事務長、就任

1987　指定校推薦入試実施

縁あって社会学部へ

髙坂健次も、様々な経緯を経て関西学院大学社会学部に戻ってくることになった。

遠藤惣一

　髙坂くんは、私の教え子でもあったんや。ゼミ生ではなかったけど授業で教えたんや。そしたら、ようできる子やなあと思うて注目していたんや。それで、ぜひ、育てたいなと思うて、肩入れしてたんや。そうやったけど、大学院の博士課程は、阪大にいってしもうて残念に思っていたら、関学に髙坂くんが戻ってきたんや。それで、私が学部長のとき、無理矢理、頼み込んで教務主任をやってもらったんや。

髙坂健次

　私は、1978年にアメリカへの留学から日本に帰ってきました。それで、1979年に桃山学院大学に就職しました。私も参加した「新中間層論争」には、いろんな説がありますよ。富永健一という社会学者は「地位の一貫性」という概念を唱えて説明していたし、まあ、いろんな人がいろんなことを言っていたけれど、私は数学モデルを用いて説明するという、他の人とは全く違うアプローチをしたということです。

　当時、桃山学院大学には鳥越皓之さん（S 1984-1999）も在籍していました。そして、鳥越さんが関学に抜けた1年後、1985年、私も関学に行きました。鳥越さんと私は極端に離れたことをやっている。向こうは具体的な事象だし、私の方は抽象的なものを扱っているわけですから。まあ、そういう方が、お互いわかりやすかったりしますよね。

　その当時は、私の立場では、今のように人事について内側の動きというのはわからなかったけれど、東北大学に移られた海野道郎先生（S 1976-1984）という方がいらっしゃって、私は海野先生の後任なんです。海野先生は、社会統計学から出発して、数理社会学もやっていたという先生です。安田三郎（1925-1990　S 1979-1990）というさらに有名な先生がいらっしゃって、その安田先生のお弟子さんでした。ですから、私は85年に関学に赴任した年は、統計調査法の授業を担当しました。海野先生の後任ですが、私が学生時代からよく知っている先生方は、まだたくさんいらっしゃいましたが、大学紛争以来の流れがありますから、あいつはよくないんじゃないかという声があったということも聞いています。結局、15年近く関学を離れていました。ですから、何らかの意味で改めて評価をしてくださって、領家先生をはじめとして、採用していただいたということはいえると思います。

　でも、私のことを、ずっと関学にいたようなイメージを持たれている方もおられるようですが、私は1985年に新任としてやってきただけです。

学部紹介誌

座談会『これは学部紹介誌ではありません』
左から鳥越皓之、正村俊之、川久保美智子、立木茂雄、髙坂健次、荻野昌弘、宮原浩二郎（1990）

64

土地問題に端を発した関西学院大学の混乱②

1985（昭和60）年7月11日、理事会は「北摂地区」の土地106,000坪（35.1ha）の購入を決定し、城崎進学長は抗議の辞任をした。武田建社会学部長が、学長事務取扱を務め、その後、学長に選任され、学院の改革をになった。武田学部長の後の学部長は、遠藤惣一が務めることになった。

ガバナンスの欠如

萬成博

　私は関学に35年間在籍し、大学における研究や教育については満足はしているけれども、関学の統治の仕方には満足しないで退職しました。関学は統治が弱い。統治をしっかりしないとダメです。大学に昇格して最初のころの統治はきちっと維持していたんだけれども、1960（昭和35）年ぐらいのころから急速に統治能力を失ってしまった。その理由の1つには、関学の教授が学院の経営者になったらいかんということです。理事会に対して大学は、学部における研究と教育で勝負しなきゃいかん。研究者は、経営者に向いていないということです。

　日本の経済成長期にもっと発展させないといけないのに、長い間、縮こまってしまっていた。社会学部と理学部ができてから総合政策学部ができるまで、35年間、何もしてこなかった。今は、文科系の7学部と理工学部1学部ですが、この構成だけじゃなくて、なぜ古武弥生学長が主張したように医学部を設けなかったのか。古武学長は関学が作らないので、退職して、兵庫医大を創設して、初代学長になりました。医学部がなぜできないのか。それができると、農学部のバイオの領域もできるというチャンスもあったんですよ。それを、みずからつぶしてきている。

　今はもう財界の人が理事会に入ってきているでしょう、卒業生で松下電器の理事長の森下洋一さん、それから同窓会の会長でも理事で入ってきてるし、オリックスの宮内義彦会長も入っているし。だから経営者がビジョンを持って、経営というものをやる、それから大学は大学としての職分をしっかりやる。これは科学研究の分野と、経営とを、両方分ければいいんだと私は思っています。

院長公選

宮田満雄

　学院の100周年が1989年でしょう。だからその前にいろいろあったけれども100周年を前に、院長公選が復活したのです。それで、あのとき院長の選挙が行われたのはたしか3月でした。久山先生が、院長・理事長をされていたのですが、その院長と理事長を分離して院長の選挙をするということになり、今の選挙制度に変わった第1回の選挙が、100周年を祝う年の3月だったのです。中央講堂に教職員皆集められて、決まるまで外に出たらダメという方法でした。最初の投票を終えてから6時頃に弁当が出ました。開票結果を待つ間、皆、弁当を食べようとしていたら、もう票の計算が始まって、それで1回で私に決まってしまったのです。任期は、余り長くしたらいかんというので、新しくできたルールは1期3年で連続は3期までということで、私は結局3期9年院長をやりました。そして、僕の3期目の終わりには三田キャンパスができていて一堂に集まることができなくなったから、その後は郵送選挙になりました。だから、古典的な全員が1つの所に集って直接投票で院長を決めるというのは、僕が最後になったわけです。

　萬成博と領家穣が、関西学院大学が100周年を祝った年が明けた1990年3月、社会学部を去った。2人には、長年の功績が評価され、名誉教授の称号が授与された。社会学部創成期から関わった教員も退職する時期がきたのである。

1988　故大道安次郎教授の追悼文集『大道安次郎先生を偲ぶ』刊行

1988　加藤春恵子教授退職

1988　中西良夫助教授、正村俊之専任講師、就任

1988　客員教員：全相圭氏

1988　客員教員：R・D・スミス氏（ヨーク大学

1988　R・ターナー氏講演（「地震などの災害警報に対する住民の対応」）

1988　何肇発氏（中山大学）講演（「現代中国の人口問題」）

1988　M・モーリス氏（フランス国立学術研究センター）講演（「日仏における工場社会構造の違い」）

1988　次年度より東京入試実施

1989　昭和天皇逝去、元号平成となる

1989　武田建教授を交換教授として南メソヂスト大学に派遣

1989　ベルリンの壁崩壊

1989　イーデス・ハンソン氏講演（「人権と私—アムネスティ活動について」）

1989　西尾朗教授、定平元四良教授定年退職

1989　宮田満雄教授、院長就任

1989　柘植一雄教授、学長就任

宮田満雄　130

第四章　社会学部の歩み

川久保美智子ゼミ 131　　安藤文四郎ゼミ 132　　中山慶一郎ゼミ 133

真鍋一史ゼミ 134　　浅野仁ゼミ 135　　杉山貞夫ゼミ 136

芝田正夫ゼミ 137　　藤原武弘ゼミ 138　　田中國夫ゼミ 139

卒業生5　森重裕子（G 1988-1992　1999-2001）

森重裕子 140

　大阪府立天王寺高校の出身で、大学でラグビー部のマネージャーをやりたくて関学に入学しました。でも、ラグビー部に行ってみたら、女子マネージャーは取っていないといわれたのですが、先輩には女子マネージャーもいたので、私も毎日練習に通いつめ、なんとか認めてもらいました。
　基礎ゼミは、芝野先生のクラスでした。それで、ソーシャルワークなどにも興味があり、ゼミは武田建先生のゼミを希望していましたが、福祉は実習などもあり、体育会ラグビー部にどっぷり浸かっていた私には無理ではないかという話があり、断念しました。それで、宮原浩二郎先生（S 1986- ）のゼミに行きました。でも、ゼミではたいしたことはできませんでした。体育会学部に入学したみたいなものでしたから。
　大学に入学した頃は、海外にはまったく興味がなかったのですが、卒業旅行でネパールに行きました。その旅で、ストリートチルドレンとなった子供たちに出会い、国際協力活動や文化人類学などに、関心が広がりました。よくあるお話ですが、途上国の目のきらきらした子供たちとの出会いは、疑問を持ち何かをしたいというきっかけになったのです。それで、社会人になってからも関心を持ち続け、就職した百貨店は、まとまった休みがとれたので、デパートの閑散期に何度かネパールに出かけました。そうこうしていたら、社会人4年目あたりに結核に罹り、会社を1年間、休職しました。
　休職中にいろいろ調べましたが、とにかく大学院に行き、本格的にネパールとかで役に立つ、専門性を身につけたいと思い

はじめました。第1の希望は、文化人類学をやりたいという希望を持っていましたが、もう1つ関心を持っていた、ソーシャルワークのアプローチについてもずっと気になっていたので、ソーシャルワークの手法を学びたいと、基礎ゼミでお世話になった芝野先生に相談しました。私は仕事で子供服売り場にいたので、おそらく虐待ではないかと疑われるような家族を幾つも見てきました。そういった家族が、増えてきていましたから。その話を先生にしていて、子供の虐待のことをやるんだったら、一緒にやりましょうということで芝野ゼミに入れてもらいました。ずっと、直接、人と関わるケースワーク的なことをしっかり身につけたいと思ってきましたから。

その後、やっぱり国際協力という思いがふつふつと湧いてきて、国際保健のコースに行きたいと思ったんです。それで公衆衛生を学びたいと思っていたら、たまたま京都大学の医学部に公衆衛生大学院ができますよという情報をもらって、マスター2年目の夏に受けたんです。それが、今度のこの京都大学医学部のコースは、幅広く人材を求めるという方針だったので取ってくれたんです。ただし、入ってから医学の基礎の勉強はしっかりやってくださいねという方針だったんです。合格前に奨学金でネパール留学が決まっていたので、入学と同時に1年間休学してネパールに渡り、女性と子供の人身取引の問題に取り組みました。

復帰後1年間、京都大学でみっちり勉強したんですが、京都大学の院の同期で、協力隊に関心のある学生がいて、誘われ説明会に行ってみました。協力隊に寄せられた要請の中で、ネパールの村での女性支援活動というオファーがあると聞いたんです。それに参加できたらいいなあと思って、村落開発普及員に応募しました。そうして、協力隊に合格したのですが、西アフリカの音楽が好きで、フランス語もやっていると話したせいか、派遣地はネパールではなく、ブルキナファソでした。

協力隊から帰り、京大でのマスター論文は、ブルキナファソの「若者の性行動」についてまとめました。ブルキナファソなどのアフリカ諸国では、エイズの蔓延が大きな問題で、エイズ対策といっても、コンドームを使いましょうというようなただの啓発の呼びかけでは、人々の心に届きません。「どうして、コンドームを使わないのか」ということには、あらゆる障壁があるわけです。とにかく若者の性行動はどうなっているのかというベーシックな情報が必要だけれども、そこがあんまりないんですよ。そこをしっかり把握することがあらゆる対策や、啓発活動よりも、先にするべきことだったのです。調査員を雇い、

宮原浩二郎ゼミ　前列右端が森重裕子

700人くらいに面接調査を試みました。字が書けない人が多いのでその方法しかなかったのです。それで、1人ずつやってみると、その調査自体が、結果的には、よい啓発活動になったのです。質問に応えるためには、自身の行動をリフレクションするというか、振り返り、考えないといけないので、すごいいい機会になるということがわかったのです。

その後、父が亡くなり母1人になり、日本にいながら、ブルキナファソと繋がることを何かできないかと考えたんです。そこで、もしかして可能性があるかもと思い、少しずつ進めていたブルキナファソの特産品シアバターの製造・販売、これで起業するチャンスかもしれないと思いはじめたんです。それで、保存林周辺住民森林管理グループのシアバターを使い、エイズ支援組織の女性たちにシアバター石鹸を製造してもらい、日本で販売する会社を立ち上げました。それには、百貨店の経験、その後のすべての経験が役立ちました。

ブルキナファソで

第五章 社会学部のキリスト教教育

社会学部チャペル（2号教室　2009）

第五章　社会学部のキリスト教教育

チャペルの再生

船本弘毅

船本弘毅（Ⓢ 1970-1998）

　わたしは中学部の1回生として関学に入り、矢内正一先生に出会って、影響を受けました。とりあえず中学だけ関学へ行って、高校は北野に行くつもりで関学へ入ったのですが、しかし、ずっとそのまま関学にいることになりました。矢内先生という方は非常に情熱的な教育家であって、新しい関西学院をつくるという情熱に燃えていて、わたしたち1回生を非常に鍛えたんです。君たちはこれからの新しい関学の希望であると言って励まし、育ててくださいました。

　留学から帰ってきて中学部での数年の教師生活は、面白かったし、みんなから信頼されて居心地よかったですよ。お母さんのための聖書の会なんかも多くの人が集まるようになってきて、わたしが中学部をやめるといったら、皆に怒られて反対されました。

　だけど、わたしの本来の使命はキリスト教を伝えるということだから、チャペルができなくなっている社会学部から来て欲しいといわれたら、ノーとは言えないじゃないですか。それでわたしは来たのです。荒れていた社会学部に来たわけです。

　中学のときに父母から聖書を学ぶ会をやって欲しいと言われて、親のために聖書の会をやっていました。ところがわたしが大学に移ったら、その親が今度は大学で、また復活してくれと言われて、大学で父母のための聖書の会を始めました。その会は27年間続き、回数としては240回に及びました。

　小関先生の次に萬成先生が学部長になられ、その次が倉田先生だったと思います。でもね、倉田先生という方はまじめな人ですからね。部長になったときに、キリスト教大学の部長になったのだから、キリスト教のことを勉強したい。あなたの講義聞かせてくれと言って、1年間、キリスト教学を聞きに来られたのです。学生の後ろに、いつも倉田先生座っていたのです。それで倉田先生も含めて、キリスト教学の授業をやりました。聞きに来られたら、かなわないと思ったけど、断るわけにはいかないじゃないですか。

どうぞ聞いてくださいと言ったら、倉田先生はずっと1年間、私の授業を聞いてくださいました。キリスト教大学の学部長になったんだから、キリスト教の勉強をしないといけないと考えられる部長が社会学部にはおられたのです。

　萬成先生とは、いろいろなことがあり、けんかもしましたよ。だけどあの方は部長の間、チャペルには必ず出てくださいました。部長の責任として、出席して下さったのです。あのころは先生方には皆、段の上にのぼってもらっていましたから、チャペルでは、萬成先生もちゃんと段の上に並んで、チャペルの話を聞いてくださいました。社会学部の学部長は歴代、チャペルに出てくれましたね。これはほかの学部にない良いことです。学部長は学部の責任を持つ、このチャペルは学部の中で大事な行事なのだから、学部長は出てくださいと申し上げたのです。そうしたら皆さん出てくださったのです。みんな。ああ、遠藤先生もちゃんとチャペル出てくださいました。

　学生の方も、キリスト教学というものは、多分いやいや受けてる授業だろうけども、わたしは決して受けて損ではなかったという講義をしたいと思って努力しましたね。

　しかし、社会学部の、初期のころっておもしろかったですよ。

　少し専門的になって申し訳ないですが、社会学部の中にはキリスト教の教派で言うとカルビンの流れを汲む人たちと学院伝統であるメソヂストの流れの人たちがいました。

　山中先生、森川先生、村川先生（Ⓢ 1970-1999）、春名先生（Ⓢ 1967-2004）などは前者、半田先生（1925-2006　Ⓢ 1961-1994）、宮田先生、武田先生、荒川先生（1937-2005　Ⓢ 1985-2005）、髙田先生（1942-2006　Ⓢ 1974-2006）、中西先生（1945-1994　Ⓢ 1988-1994）、村山先生（1930-1982　Ⓢ 1977-1982）、嶋田先生、わたしなどは後者でしたから宗教委員会では時には随分激しい議論をしました。

　しかし、チャペルをきちんと守り、内容のあるものにしたいという点では、皆の思いは全く一緒でしたから、よく協力してくださったことを、わたしは感謝しています。議

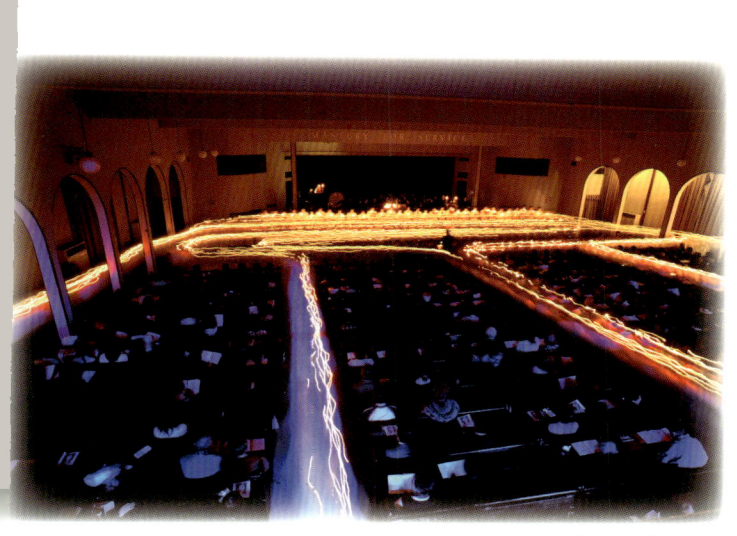

関西学院クリスマス礼拝（中央講堂）　145

論し合ったことは今でもとてもなつかしく、東京に移ってからも親しい関係を持ち続けています。社会学部のキリスト教活動は良い伝統を持っていると、わたしは思っています。

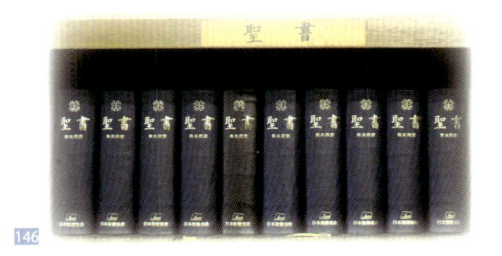

146

147

社会学部クリスマスチャペル　ランバス記念礼拝堂にて　148

第五章　社会学部のキリスト教教育

チャペルとは何か？

打樋啓史

打樋啓史（Ⓢ 1999- ）

　船本先生のご退任後、1年間は専任の宗教主事が不在で、その後1999年度に私が就任しました。採用面接の時、委員のおひとりだった髙田先生が、「打樋さんはチャペルをやるのに場所はこだわりませんか」と質問されて、何のことかよく分からず、「福音を語るのに場所は問いません」とええ格好して答えたのを覚えています。それで、いざ4月になってチャペルが始まってみるとその意味が分ったんですね。社会学部には他の学部のようなチャペル専用の部屋がなくて、2号教室という500人収容の大教室がチャペルと兼用になっているんです。授業の時に使ってる黒板が、チャペルの時にはガラガラと開いて、そこに講壇やオルガンが置いてあるという忍者屋敷みたいな造りで。だから、あんまり宗教的な雰囲気がなくて、チャペルが始まっても何となくザワザワした感じで、正直「これはやりにくいなあ」と、髙田先生がおっしゃったことの意味が分かったわけです。

　そんなところから始まって今年で12年目です。振り返ると模索の連続でしたけど、面白かったですね。僕が就任した頃、社会学部は関学でもキリスト者教員数がとても多い学部で、その方々は全員チャペル委員会のメンバーだったんです。最初の年は15名近くおられましたね。チャペルの時間にはその方々が、全員ではないですけど、ズラッと壇上の長椅子に座られるんです。僕としては、その形はあまり好きじゃなくて、何年かしてやめることになりましたけどね。でも、チャペル委員の先生方は、新米の私を色々と気遣って、支えてくださいました。前任の船本先生が、崩壊していた社会学部のチャペルを回復させてくださって、そこからキリスト者教員全員で築いてこられた「学部教育の場としてチャペルを大切にする」という伝統に随分助けられましたね。学部長が必ずチャペルに出席するというのも、他の学部にはあまりない素晴らしいことです。

　ただ、その頃から危惧していたのは、この形がいつまで続くのかなということでした。キリスト者教員の年齢構成を考える

と、「あと10年経ったらどうなるんやろ」と思わざるを得なかったし、新任教員の採用も公募が中心で、クリスチャン教員を採ろうなんてことは考慮されませんからね。実際12年経った今、社会学部は関学で最もキリスト者教員の少ない学部のひとつになりました。それで僕が少しずつ進めてきたのは、学部の教育活動としてのチャペルを、キリスト者だけでなく学部の教職員全体の理解と協力を得て、皆でやっていく体制作りでした。それをやらないと、最悪の場合、「何かようわからんけど、宗教主事が独りでキリスト教のことをやってはる」ということになってしまいますからね。

　それでまずはチャペル講話の担当を、キリスト者教員以外の先生方にもお願いするようにしました。これについては、チャペル委員会の一部の先生方と私の間で意見が異なりました。「チャペルとは何か」という点についての認識の違いだったと言えるかもしれません。でも少しずつご理解をいただいて、7年前ぐらいから今のように学部の全教員がチャペル講話を担当するという形ができてきました。その場合、「キリスト教に直接関わる話でなくていいので、授業とは違う角度から人生を語ってください」と先生方にお願いしています。そうすると、皆さん本当によく準備してくださって、とてもいいお話をしてくださるんですよ。あまりに素晴らしいので、2008年には当時学部長をされていた髙坂先生が「チャペルの話を冊子として残してはどうか」と提案されて、2年連続で『出会いの軌跡』という題でチャペル講話集が作成されました。各方面にわたって好評で、現学部長の宮原先生は、「こんなこと言っちゃだめだけど、講義より面白いですよ」と、チャペルで学生に勧めてくださっていました。

　チャペル委員会も今はキリスト者教員とそうではない教員が半々の構成になっていて、よい協力関係ができています。若い先生方も、新学期の新入生がドッとチャペルに押し寄せてくる時期には、会場整理を手伝ってくださったり。本当に感謝です。

点灯された時計台前クリスマスツリー 150

チャペルに出席する学生たち 151

　それと同時に意識してやってきたのが、チャペルやキリスト教学が少しでも学生にとって面白くて、参加しやすいものになるように、ということでした。最初は嫌々でも、「おっ、なかなかおもろいやん」と思うものがあれば、もっと言えば、「これってなかなか意味あるやん」と思うものがあれば、学生たちもそれなりに期待して来てくれますからね。まずは振り向いてもらわないと、大事なものはなかなか伝わらないです。それで、週2回だったチャペルの回数を3回に増やして、先生方のお話以外にも色んなプログラムをやるようになりました。ＰＡ機器も導入してバンド演奏もやったり、国内外で色んな面白い体験をしてきた学生がその報告をしたり、音楽を使った黙想のプログラムを取り入れたり。「ウルフルズを演奏して、聖書を語る」なんていうのもやりましたよ。

　ただ、どんな内容であっても、それがチャペルアワーになるようにしています。当たり前ですけど。僕の表現で言えば、この時代を生きる学生たちが自分を超える大きなものに出会って、「色々大変やけど、生きるってまんざらでもない」と思えるような機会になるように、そこだけはぶれないようにやってます。でないと、単なる迎合になりますからね。そんな感じですから、色々と工夫しながらやっていて楽しいですよ。まあ、苦労もありますけどね。

　学生たちは結構楽しんで、よく参加してくれています。多い曜日には年間を通して毎回の出席者が100名を切ることないんですよ。これは関学でも珍しくて、やはり事務の方々も含めて、学部の教職員全体としてチャペルを大切にする姿勢があるからでしょうね。時間割の面でも、教務サイドが学生たちのチャペル出席を考慮して必修科目を組んでくださっています。この意味は大きいですね。従来からの社会学部のキリスト教活動のよい伝統が、時代に応じて形を変えつつずっと守られているのではないか、そんな風に思います。

ランバス記念礼拝堂のパイプオルガン 152

73

第六章 阪神・淡路大震災前後の社会学部

1970年代から80年代にかけて充実期を迎えた社会学部は90年代に入り、新しい神戸三田キャンパスに設立された総合政策学部の立ち上げに協力し、1995年1月の阪神・淡路大震災という試練を乗り越えた。翌1966年、「社会福祉学科」の設置が教授会で承認され、1999年に正式に発足して、一学科制から二学科の体制に移行した。

阪急甲東園駅付近で落下した新幹線高架 153

入試当日の受験生たち 154

門戸厄神駅西側を関学に向かう 155

1990年代はじめの社会学部

公募制での採用

遠藤惣一

　1980年代後半、『東洋経済』の各大学比較ランキングで、関学の社会学部は、全国の社会学部の中で、「一番」になりましたんや。2位が阪大やった。東大や、京大より上になったんや。根拠となったのは研究の成果で、在籍している先生たちの学会や雑誌に公表された論文の質と数というかなり客観的指標で全国比較したものやった。安田先生、髙坂先生、鳥越先生たちが、頻繁に学会でも活動されていましたから。その質と数が全国トップやと認められたんです。ぼくは、学部長を3期6年やったけど、たしか、その在任中やった。

　その前に学生紛争があり、その後、カリキュラムの改善や、教育内容の充実などいろいろな改革に地道に取り組んできたんや。とにかく社会学部の社会的、学内的な地位がどんどん上がっていったんや。その過程で、学生の質も良くなっていったんや。入学試験でも、昔は（60年代、70年代）は、文学部との併願では、文学部にいい学生を取られて、その残りが来るみたいな所もあったけれど、ある時から、逆転したんや。まあ、はっきり逆転したとはいい切れないけれど、文学部と社会学部と両方通っても、社会学部を選んでくれる学生が増えてきた。創設当時は、そんなことはなかったんや。他学部でも、経済学部も商学部も、昔のような勢いはなくなっていったんや。それまでやったら、経済学部をメインに受験してくる高校生が多かったけれど、社会学部を第一志望としてくれる学生も増えてきたんや。

　先生の採用も、実力重視で、公募で採用するようにしてきたんや。他の関学の従来の学部は、先生が弟子を集めて研究室に入れ、上下関係を重視して、公募ではなく身内で教員を固めてきたんや。でも、社会学部はその方針は止めましょう、という事にしたんや。つまり、下から上がっていくやり方は止めた。公募を原則にしたんや。そうするとな、ぼくも採用の審査委員長を何回かやったけど、やっぱり東大のヤツが多いんや。関学社会学部の日本社会学会内の地位が上がったので、東大や京大や阪大の若手が応募してくれるようになったことも理由の1つや。それが、相乗効果で上がってきたんや。

融和を目指した学部長時代

佐々木薫

　遠藤先生の次の学部長が私にまわってきました。留学から帰って落ち着く間もなく、学部長に選任されたのです。当時学部の中は、三田の土地問題などの後遺症で、大きく2つに割れていましたから、それを融和させるのが私の最初の仕事でした。そして、前年度から持ち越しになっていた学部創設30周年記念行事をどうにか実施にこぎ着けました。また、この時期には学部に隣接する中央図書館の拡張工事に関連して次々と生じる諸問題への対応にも追われました。

　全国に先駆けて関学で大学自己点検評価が始まったのも、私の学部長任期の後半からでした。

工事中の図書館

1989	沙蓮香氏（中国人民大学社会学研究所）講演（「中国の国民性」）
1989	客員教員：F・S・オード氏（ハワイ大学）、沙蓮香氏（中国人民大学社会学研究所）、R・P・ドア氏（サセックス国際センター研究所）
1989	M・コーン氏（ジョン・ホプキンス大学）講演「仕事とパーソナリティ」
1989	M・ボーゴ氏（トロント大学）講演
1989	1991年度入試より「地理」追加
1990	**湾岸戦争**
1990	**バブル経済崩壊が始まる**
1990	東京入試実施
1990	萬成博教授、領家穣教授定年扱退職
1990	川久保美智子専任講師、荻野昌弘専任講師、就任
1990	次年度より編入学試験（学士入学）科目変更第2外国語免除
1990	次年度より外国人留学生入試に日本語能力試験を義務付け（学内試験）。但し日本語能力試験一級資格者は免除
1990	次年度より自己推薦入試実施
1990	次年度より福岡入試実施
1990	教育職員免許法改正（地歴・公民）に伴い、地理歴史・公民の課程認定を行うことになった
1990	臨時定員増500名認可
1990	研究演習　先修条件改正、8科目19単位から50単位
1990	関西社会学会大会を本学で開催
1990	D・R・ヘイズ氏（インディアナ大学）講演（「社会的相互作用と感情の日米の差異」）
1990	H・W・ヘンドリック氏（デンバー大学）講演（「組織効率改善のための社会技術システムアプローチ」）
1990	安田三郎教授退職（ご逝去）
1991	**ソビエト連邦崩壊**
1991	優秀論文賞（安田賞）設置
1991	客員教員：K・D・キース教授（ネブラスカ・ウェスレアン大学）
1991	鄭抗生氏（中国人民大学）社会学部創設30周年記念講演（「中国的社会変遷－従転型社会学的角度看－」）
1991	学部長：佐々木薫教授
1991	石川明教授、ブレイディ助教授、就任

総合政策学部設立への協力

35年ぶりに新設された総合政策学部の理念は、社会学部の遠藤惣一を中心に構想がまとめられた。

1991　客員教員：B・メイナード氏（南メソヂスト大学）
1991　客員教員：B・スマート（オークランド大学）
1991　卒業単位数改正　144単位
1991　J・クライナー（日本ドイツ研究所）講演
1991　M・ギュルビッチ（メリーランド大学）講演（「衛星放送によるニュース伝達の問題」）
1991　中国人民大学との学術交流協定締結
1991　三輪晴啓氏（元NHK外信部記者）講演（「統一ドイツ二年目の課題」）
1992　三浦耕吉郎専任講師、谷直子助手、就任
1992　社会学部創設30周年記念行事開催
1992　客員教員：K・D・キース氏（ネブラスカ・ウェスレヤン大学）
1992　客員教員：B・スマート氏（オークランド大学）
1992　客員研究員　鄭為徳氏（中国人民大学）
1992　セメスター制度導入
1992　M・マフェゾリ氏（パリ大学）講演（「現代フランス社会学について」）
1992　S・M・リプセット氏（ジョージメイソン大学）講演（「二つの北アメリカ国家-カナダとアメリカの比較社会学-」）
1993　細川連立内閣、自民党下野
1993　田中國夫教授定年扱退職
1993　学部長：西山美瑳子教授
1993　客員研究員　張凡氏
1993　甘惜分氏（中国人民大学輿論研究所）講演（「中国人のものの考え方について」）

総合政策学部の理念

武田建

　総合政策学部については、創設に遠藤先生と、筑波に移った鳥越皓之先生の活躍はものすごく大きかったと思います。また、経済学部の小島達雄先生と安保則夫先生のお力も大きかったでしょう。私は、理事長でしたから、あんまり教育のことには口出しはできなかったけれど、慶応大学の総合政策学部というモデルもあったし、英語の先生は全部ネイティブで英語教育を大学院で専攻した人で固めてほしいというお願いはしました。それで少々、高くついてもしかたがない。そうしないとあの辺鄙な立地では将来苦しくなると感じました。あそこでは、関西のどこにもないようなバイリンガルの学部をつくらないと学生が集まらないと思ったのです。私には、あそこで「英語の関学」を復活させたいという思いがありました。

武田建 157

遠藤惣一

　私は、学部長を辞めて、三田の土地に新しくつくる学部担当の副学長になったんや。それで、「ヒューマン・エコロジー」という考えで、新しい学部の理念を書きました。ぼくは、これからは、エコロジーが重要になってくるというふうに思っていたから。それで、IBリーグのコーネル大学に「ヒューマン・エコロジー」学部があり、そこの考え方を基本にいろいろ調べたりしてましたんや。

　それで、実際に学部長を選ぶときは、当時の学長の柘植一雄さん（文学部）と私は、緊密な連携をとって考えましたんや。柘植さんには、本当にずいぶんお世話になったんや。それでなんとか、文部省の認可を受けて、神戸大学の天野明弘先生に新学部長をお願いしましたんや。ともかく天野さんは、私が示した新しい学部の理念「ヒューマン・エコロジー」に全面的に共感してくれて、「総合政策学部の学部長をお引き受けしましょう」というてくれたんや。

　天野先生も、これまでは、経済学者として成功して来たけれども、これからは、環境を重視した環境経済学にシフトしようと考えていた所やったんや。偶然やけど、その方向にも、総政の理念はぴったり合ったんやな。それから、ぐっと構想が具体化していったんや。あと、どんな人に来てもらうかも、天野先生に相談しながら決めました。

「北摂土地」 158

遠藤惣一 159

総合政策学部 160

阪神・淡路大震災と社会学部

1995年1月17日、阪神・淡路大震災では、関西学院大学も大きな被害を受けた。

震災時の学部運営

西山美瑳子

　震災当時、学部長でしたから、毎日、学校まで行きましたよ。電車は止まっていますから逆瀬川駅まで歩いて降りて、そこから仁川駅までバスで出て、仁川駅から歩いていました。そうしていたら甲東園駅の近くのコンビニに午前の決まった時間に、菓子パンがどさっと届くことがわかったんです。それを、大量に買ってリュックに詰めて、関学の社会学部事務室まで運びました。スタッフも、教員も、何も食べないで出て来ている人がたくさんいましたから。その時の三浦法学部長は、自分で大阪までカップ麺の買出しに行って、学部長室にそのダンボール箱を積上げているとの事でした。

　あの中で、ともかく入試をしましたからね。しかも、あの年は社会学部が最初に入試をする年だったはずです。そしたら外部から「水も出ないのになんで入試をやるんだ」という問合せがありましたが、「うちは井戸がありまして、なんとか水は自前で賄っています」と答えたら、その人は大人しくなって。でもいろんな人がいるもんだと思いましたね。

　研究室の被害も大きかったですよ。研究室の扉は内側に開くのですが、本と本棚が倒れてきていて、廊下からは開かないんですよ。研究室が2階の方は、施設の方が、はしごで2階の窓から入って、内側から開けてくれましたね。

　経済学部の長岡豊先生（第2教授研究館で第1教授研究館と同じ作りなんですが）なんかは、震災の時、徹夜で原稿を書いていて、研究室にいたそうです。最初の揺れで、パソコンが落ちて、本がザーッと目の前を飛んで行き、次の瞬間、書架が部屋の真ん中向かって折り重なって倒れた。キャンパスのすぐ近くの家に電話しても繋がらない。研究室から出ようと思ってもなかなか出られなかったそうです。

　学年期末テストも、被災地域の学生は全部レポート試験にしたんですが、その各科目の郵送されてきたレポートの分類がまたたいへんでした。どんどん送られてくるレポートを各科目番号ごとに仕分けしないといけない。広い部屋で鍵をかけて、みんな夕食も食べないでやりました。大学本部のお歴々も、応援に駆け付けてくれて。分類されたものを預かって採点するほうも短期の採点でまたたいへんでしたが。

　でも、全学共通でどの科目にも使える問題（レポートテーマ）というのを考えた方がいました。その問題というのは、「この科目で関心をもったものについて取り上げ、意見を述べよ」というもので、理系だろうと、文系だろうと、どの科目でも使えますから、よくそんなことを思いつくなと思いましたよ。

　私のゼミの3・4年生には、震災の体験レポートを書いてもらいました。学生たちは、みんな自分のところが震源地と思っている不思議さは、なかなか興味深いものでした。ゼミの仲間を気遣っていますし、よく人柄が出ますよね。良く出来たレポートは、思考法の方法論をテーマにしてまとめた『創造的思考法』にも使いました。ゼミの学生に書いてもらった震災当日の思いや行動は、『阪神・淡路大震災に遭遇して』（B5版、135頁）と題した冊子を作り、その学生達に複数部渡して、子々孫々に渡せることを願いました。

崩壊した浄水場斜面　161

甲東園駅前　162

1993	客員研究員　周建明氏
1993	客員研究員　李平氏
1993	H・P・ジュディ氏（フランス・国立科学研究所）講演（「都市、メディア、カタストロフィーの記号論」）
1994	柚木学教授、学長就任
1994	半田一吉教授定年退職、J・A・ジョイス教授定年退職、中野秀一郎教授退職
1994	藤原武弘教授、就任
1994	「大学設置基準の大綱化」によるカリキュラム改正（卒業必要単位数は124単位に）
1994	L・B.ベッカー氏（オハイオ州立大学）講演（「アメリカ合衆国におけるニューメディアの普及と利用状況」）
1994	社会学部準専用講義棟E号館完成
1994	中西良夫教授退職（ご逝去）

第六章　阪神・淡路大震災前後の社会学部

震災で被害を受けた津金沢研究室

1995　阪神・淡路大震災
1995　『関西学院大学社会学部 30 年史』発刊
1995　正村俊之助教授退職
1995　総合政策学部開設
1995　学部長：牧正英教授
1995　遠藤惣一教授、総合政策学部へ移籍
1995　藤原淑子教授、田中耕一助教授、就任
1995　客員教員：鄭泰暎氏（韓国東明専門大学）
1995　客員教員：金応烈氏（韓国高麗大学校）
1995　阪神・淡路大震災の影響により入学式は 17 日に挙行
1995　客員研究員：安青春氏（吉林大学）
1995　客員教員：松井真知子氏（南メソヂスト大学）
1995　土屋明生事務長、就任
1995　「関西学院大学社会調査士」制度を新設（資格授与要件 40 単位を設定）
1995　オープン・カレッジ・コース開設（「社会人のための課題研究」と「関西学院大学社会調査士」の 2 コース）
1995　客員研究員：蘇苹氏（中国人民大学）
1995　P・アンサール氏（パリ大学）講演（「政治のことばとメディアのことば」）
1995　P・セリエ氏（パリ・ソルボンヌ大学）講演（「ヨーロッパ精神史の流れ -17 世紀フランス文化における聖アウグスチヌス-」）キリスト教主義教育研究室・神学部との共催

E 号館前のセグロセキレイ

傷ついた研究室

津金沢聡広

　震災は、ひどかったですね。なんといっても大学の教員としてショックだったのは、震災で学生に多くの被害者が出たことですね。亡くなった学生も多かったし、命は助かっても、下宿がつぶれてしまった学生は大勢いましたからね。亡くなられた学生のご遺族のお気持ちを考えるともうたまらなくなりました。社会学部では、元事務職員の荒川さん（1919-1995 Ⓢ 1970-1985）が亡くなられたんでショックでした。学生さんを下宿させていて、仁川の地滑りに巻き込まれて、学生さんと一緒に亡くなられました。ものすごい、いい人で、社会学部の事務で一番長かった人でした。荒川さんの思い出は悲しいですね。

　震災は、正直しんどかっただけで、あまり語るべきところはないですね。試験がレポートで、採点がしんどかったなんていってられませんよね。学生が大勢被害を受けているのに。ぼくの研究室もめちゃめちゃになりました。思い出といっても、しんどかったことだけだね。西宮北口から歩きましたからね。研究室の中に入れなくて、はしごをかけて中に入りましたよ。ぼくの研究室は、第一教授研究館でした。昼間だったら、本の下敷きになって、死んでたなあ。

　その後、同志社に行った福祉の立木茂雄先生（Ⓢ 1986-2001）が、一生懸命、ボランティアを組織して、頑張ったよね。救援組織なんか彼が中心になって創りましたから。彼は、家が近かったこともあるけれど、一番、献身的にやってたと思います。ヒューマンサービスセンターを真先きに立ち上げましたからね。震災の時の彼の関学と被災者への功績は忘れられないですね。立木さんは、武田建さんのゼミ卒業生です。今は、国際的な救援活動でも頑張っています。

　研究室がメチャクチャになったのは、学生紛争以来ですね。学生紛争でも、資料に消火剤をかけられ、メチャクチャにされましたからね。震災の場合は、天災ですし、資料は片づければ、破れたくらいで使えないことはなかったです。研究室の状態を写真にも撮りましたよ。

無傷で残されたキャンパスの自然

佐々木薫

　震災当時私は学長補佐として大学執行部の一員でしたから、翌月に差し迫った入学試験、それに続く定期試験、卒業式など大学の年度末行事への対応、被災した学生（家族）への学資面での支援、ゼミ生の安否確認など校務を優先させながら、自分の研究室や自宅の修復などで人並みに忙殺されていました。

　震災は関西学院周辺の町を大きく変え、学院の建物内部は相当荒れましたが、キャンパスの自然はほとんど無傷で残りました。私は長く野鳥観察を趣味にしていましたので、これは嬉しいことでした。研究室（第 1 教授研究館 2 階）の修復は書架の倒壊で開かなくなったドアを開けることから始め、一応仕事の出来る状態までもっていくのに相当の時間を潰しましたが、窓から見えるナンキンハゼには、従来通りシジュウカラ、ヤマガラ、エナガ、コゲラといった馴染みの昆群がやって来て気忙しい鳴き声を、またナンキンハゼの白い実にはキジバトが寄って来てデデポッポーの鳴き声を聞かせてくれました。この他にもセグロセキレイが学部裏の水路周辺に姿を見せ、サザンカの蜜に集まったメジロを後から来たヒヨドリが追い払って蜜を独占しようとするなど震災前と同じ情景がありました。冬鳥のツグミが中央芝生に、ジョウビタキ、ルリビタキが植え込みの小枝や藪蔭に……と、こんなことを言い出すとキリがありませんからもう止めましょう。

社会福祉学科の設置

**震災後、社会福祉コースが独立した学科となるべく準備がはじめられた。
社会学部設立時、竹内愛二が望んだことが、ついに実現した。**

髙田先生を中心に学科を準備

牧正英

　コースが4つあったでしょう。理論、福祉、マスコミ、産業。そこから、社会福祉が学科として独立したでしょう。準備したのは、私が学部長の時でした。私は学部長を、1995年から1999年3月まで務めました。

　そもそもなんで社会福祉を独立した学科にするようになったかというと、毎年3月に、学部懇談会の場で社会学部のあり方を議論するのです。そこで、社会福祉を充実させるために福祉を学科として独立させようと決まったのです。一言でいえば、社会学部の中から学科として独立したことが、現在の人間福祉学部の基礎になりました。

　もっとも、私自身は、福祉が学科として独立したことが、独立した学部にまでなることに繋がるとは、予想していませんでした。社会学部の中にあって、社会学科と社会福祉学科が車の両輪のように、社会学部を盛りたててくれたらいいと思っていましたから。

　独立した時の中心は、髙田眞治先生でした。髙田先生は、その頃から体調が優れなかったにもかかわらず、たいへん頑張っていただきました。髙田先生は亡くなられたので、福祉が学科として独立し、どのように学生を教えていくのかを考えたのは芝野先生です。

社会福祉学科の理念

芝野松次郎

　社会福祉学科をつくろうという話は、天の声というのか、どこからか、聞こえてきたんですね。武田建先生は、もともとは反対やったと思うんです。それまでは、武田先生は、「福祉は分かれたらいかんよ。社会学と一緒になっているから、いい学生を3年生になったときにすくいとることができるんだから」とずっとおっしゃっていたんです。それで、その話が出てきた時に相談すると、「絶対反対だ」といわれると思ったんですが、反対されなかったんですね。これは何かあると思いました。当時は、今田学長、武田理事長体制でした。

　髙田先生にも、相談すると、「そんなのやめたほうがいい。今のままの方がいいよ。そんなん造るのはたいへんだよ」という判断でした。ところが、だんだんと独立した新学科として社会福祉学科をつくる方向に動き出し始めたんです。

　ちょうど、事務長さんが土屋さん（Ⓢ 1995-1999）で、速水さん（Ⓢ 1992-2007）が主任でした。事務方とも、いろいろ話をしているうちに造ろうよということになっていきました。その頃には、もういろいろな声が聞こえてきていて、私も造らざるをえないだろうと思っていました。もともと、文学部の時代には、福祉は独立した社会事業学科だったんです。そういう伝統を学部になり、ずっと預けていたようなところはありましたから、本来の流れを受け継がないといけないだろうとも思っていました。

　それで、文科省にも、事前相談に何回か行きました。あの当時は、しかし、大学の方にも、今の企画室のような部署はまだ確立していなかったように思います。学部が中心になってやったように思います。もちろん大学にも、学院にもバックアップはしてもらいましたが。それで、髙田先生と、私と、土屋さん、速水さんの4人で、文部省に、最初の交渉に行きました。その時の窓口の担当者は、名刺も受け取りませんでした。最初は若い職員が窓口で対応するんです

写真上3点とも：社会福祉学科開設記念式典

1996　居樹伸雄教授、ルース・M・グルーベル助教授、岡田弥生助教授、難波功士専任講師、就任

1996　客員教員：R・ロマン氏（トロント大学）

1996　1997年度入試として、新しい自己推薦入試「文化芸術・スポーツ・ボランティア活動に実績を持つ者の特別選抜入学試験」を実施（従来の自己推薦入試にボランティア活動を資格として追加するなどの改正を行ったもの）

1996　「社会福祉学科」設置を教授会承認（入学定員140名、編入学定員10名、収容定員580名）

1996　客員教員：F・イカワ・スミス氏（マギル大学）

1996　客員研究員：夏建中氏（中国人民大学）

1996　オーギュスタン・ベルク氏（フランス国立社会科学高等研究院）社会学部開設35周年記念講演（「風景とアイデンティティ」）

第六章　阪神・淡路大震災前後の社会学部

1997	山一証券倒産
1997	地球温暖化、COP3にて京都議定書締結
1997	倉田和四生教授定年扱退職、西山美瑳子教授定年退職
1997	今田寛教授、学長就任
1997	新大学図書館完成
1997	八木克正教授、奥野卓司教授、久保田稔教授、大谷信介教授、野波寛専任講師、就任
1997	複数分野専攻制（MDS）を導入（社会学部提供プログラム名は「メディア・アンド・カルチャー」）
1997	客員教員：J・D・マックスウェル氏（クィーンズ大学）
1997	客員教員：安秉坤氏（慶尚大学校）
1997	客員研究員：呉冬梅氏（中国人民大学）
1997	オリヴィエ・ミエ氏（パリ第12大学・バーゼル大学）講演（「カルヴァンとその時代の文化」）神学部・文学部共催
1998	杉山貞夫教授定年退職、張光夫教授定年退職、船本弘毅教授定年扱退職
1998	山内一郎教授、院長就任
1998	客員研究員：朴明喜氏（慶尚大学校師範大学）
1998	客員教員：J・クライナー氏（ボン大学）
1998	客員研究員：陳杰（中国人民大学）
1998	鄭杭生氏（中国人民大学）講演（「中国社会学の研究動向」）

よ。もっと、計画が具体的になってから、はじめて担当者が決まってきました。

E号館ができた所で、そこの地下で構想を練りましたね。夏は暑いし、湿気の多いところで、みんな病気になりそうになりながら、3つのCを考え出しました。3つのCのもともとのはじまりの話は、ハンフリーという人の論文がきっかけです。ソーシャルワークのモティベーションの重要な1つがコンパッションであるとしています。それが関学の教育理念とぴったりきます。そのキリスト教主義教育にはこのコンパッション（人への思いやり）があると考えました。そして次に専門的な知識と技術の教育ということで高度な問題解決力すなわちコンピタンスということになり、コンパッションとの2つのCが決まりました。あとの1つは、グローバリーに広い視野を持って考えるということで、何とか3つのCに収まるような言葉を探したんですね。それで、コンプリヘンシブにしました。これで行こうということになりました。これは、福祉の先生、みんなで考えて、事務の土屋さん、速水さんにも一緒に入ってもらって、議論をして決めました。この考えは、現在の人間福祉学部にも受け継がれています。この3つのCだけは、変えないようにしようということなんです。

学科独立に当たっては、人材も募りました。時間的な制約があり公募はできなかったので、3つのCが必要とする研究教育方針に基づき人材を探しました。武田丈さん（ⓈⓈ 2000-2008　2008年度より人間福祉学部）は、これまでの関学のソーシャルワークではしてこなかった難民支援などをされていましたから、ぜひ、来てほしかったんですね。もうちょっと、社会の方に目を向けないといけないと思っていましたし、そういう視点も絶対必要になってくると思っていました。

それから、もう1つは、地域への視点が必要だということも感じていました。それで、この分野の第1人者である牧里毎治先生（Ⓢ 2001-2008　2008年度より人間福祉学部）を迎え、今の社会起業学科のシーズがそこにできたんです。牧里先生は、大阪府大で、次の学部長ということになっていた方なんです。今、牧里先生は、地域福祉学会の会長をされています。

それから、ソーシャルワークの国家資格という話が出て来ていましたので、荒川先生を中心に資格に対応できる実習のことなんかができる先生をもう1人ということで、検討されました。厚生労働省にもおられ現場の実務がわかる教員として前橋信和先生（Ⓢ 2003-2008　2008年度より人間福祉学部）に来てもらいました。

それで、教員13名、学生175名という今から考えると、恐ろしいような大きな学科になったんですね。こんな風に実習体制を補充したことで、今の社会福祉士の資格にも対応できるようになったんですね。

学科が認められたときは、みんな大喜びでしたね。今田学長とも、宝塚ホテルで、企画の人も集まって慰労会をしましたね。文部省からきた通知を囲んでみんなで写真を撮って。これで、終わりやと思っていたんですが……。

2010年3月18日卒業式　社会福祉学科

社会福祉学の新たな領域

かつて死に直面した経験をもつ藤井美和は、生と死を見つめることをテーマとし、社会福祉学の新しい重要な領域を開拓した。

社会福祉学の道へ

藤井美和（Ⓢ 2000-2008　Ⓖ 1990-1994　2008年度より人間福祉学部）

　全身マヒになり息ができなくなって救急病棟に運ばれた晩「神様、もう1回、命を与えてください。もしも、再び命をいただければ、今度は人のために生きたい、これまでとは違う生き方をしたいのです」と祈りました。

　その時、人間が死に直面したときにどんな状況になるのか、本当にはじめてわかったんです。自分がこれまで生きてきたことを良しとできるのかということが、もろに問われるんです。直接的に、あなたの人生はこれでよかったのか、問われるんです。多くの人が、自分の人生を振り返らざるをえないんですよね。

　病気の人は、体が苦しいだけではないんですよね。生きる意味が見出せないとか、自分はこのまま死んでしまうのではという不安だとか、そういうことで、心もたましいも苦しいんですよね。でも、日本の医療というのは、そこのあたりにたいしてのケアというのは、まったくなかったですよね。

　懸命に生きてきた人が、ただ苦しむだけで最期を迎えるというのは、あまりにも悲しいと思ったんですね。病気以外のことは、まったくノータッチですからね。最先端の病院は、その症状のことには対処しますよね。でも、人間の苦しみというのは、体のことだけではないんですよね。社会的な苦しみもあるでしょうし、何よりも、生きていていいのか、自分の生きる意味とか、自己存在そのものに関わる苦しみですよね。たいへんな苦しみがあるにもかかわらず、それに対して何も対処がされていないことに、疑問を感じたんです。何か、できることがあるんじゃないかと思ったんです。今から、考えるとたいへん傲慢な考えですが、でも、やっぱり人間の本当の苦しみを支えるものが何かあるんじゃないかと思ったときに、医療の限界を感じたんですね。

　病気がなかったら、こういう領域には絶対来ていません。だけど、社会学部の福祉で勉強してもまた、ある意味限界を感じました。障害者福祉とか、高齢者福祉とか、医療福祉とか、各論に分かれていますよね。どの人も死ぬのに、その死に関しては、どれも触れていないんです。それは、日本では亡くなる人について語るというのは、日本の福祉のタブーというのか、どうしていいのかわからない領域なんだということを感じました。日本では限界を感じてアメリカへの留学を考えました。アメリカでは、ホスピスケアとか、死にゆく人へのケアとかは、堂々と当たり前に語られていましたから。その分野の勉強をしたかったんです。

　フルブライトに応募したら、上手い具合に通ったので、セントルイスのワシントン大学に行きました。博士論文は、ガン患者（さん）のQOL（人生の質）についてでした。ガン患者（さん）のQOL、命とか、人生の質に影響を与える領域は何なのかについて、研究したんです。アメリカでも、当時は死に行く人のQOLはだんだん下がっていって、死ぬ時にゼロになると、そういう考え方だったんです。WHO（世界保健機関）の専門家もそういうものだと話していたんです。でも、私は、そのWHOの人に、「QOLが上がって死んでいく人も、中にはいると思う」と、医学的な研究会でいったんです。そうすると、びっくりされました。「身体的にみたらQOLは、死ぬ時にはゼロになるのかもしれませんが、実存的なスピリチュアルな領域においては、生まれてきてよかった、神様ありがとうございます、といいながら満足感をもって死んでいく人のQOLは、ゼロにはならないのと違いますか」と話したんです。実存的なスピリチュアルな領域というのが、QOLに直接的な影響があるということがいえれば、ただ、体のケアだけじゃない、心やたましいのケアの必要性がいえますよね。それを、実証研究して博士論文にまとめました。

1999	金融早期健全化法により公的資金投入（小渕内閣）
1999	宮田満雄教授定年扱退職、村川満教授定年退職、鳥越皓之教授退職
1999	「社会福祉学科」開設
1999	学部長：髙坂健次教授
1999	室田保夫教授、川島恵美専任講師、池埜聡専任講師、打樋啓史専任講師（宗教主事）、就任
1999	2000年度入試より、1日で全学部の入試を行うF日程の導入を決定
1999	阿部志郎氏（日本ソーシャルワーカー協会、横須賀基督教社会館）社会福祉学科開設記念講演（「福祉の心」）およびシンポジウム
1999	速水幸一事務長、就任
1999	客員教員：R・ゴッシュ氏（マギル大学）
1999	客員教員：P・ベイヴェール氏（フランス科学研究センター）
1999	客員研究員：劉振英氏（中国人民大学社会学系）

第六章　阪神・淡路大震災前後の社会学部

2000　武田建教授定年退職、牧正英教授定年扱退職、津金沢聡広教授定年扱退職

2000　大村英昭教授、浅田壽男教授、木村真理子助教授、大和三重助教授、阿部潔助教授、藤井美和専任講師、武田丈専任講師、就任

2000　客員教員：J・W・ベリー氏（クィーンズ大学）

2000　カリキュラム改正（社会学科カリキュラムを5つのコース＜①現代社会学②地域・生活・環境③メディア文化④企業・ビジネス・情報⑤社会心理＞に再編成、専門コア科目・専門選択科目制度を設定）

2000　社会学部創設40周年記念行事（統一テーマ「現代社会における社会学的知の可能性」）開催

2000　上野千鶴子氏（東京大学）社会学部創立40周年記念講演1（「ジェンダー研究の到達点」）

2000　木田拓雄氏（作家）社会学部創立40周年記念講演2（「語り継ぐべきもの－世代の連続・不連続－」）

2000　大澤真幸氏（京都大学大学院）社会学部創立40周年記念　シンポジウム講演およびパネルディスカッション（テーマ「大学の知と社会の知」、司会　大村英昭、パネリスト　大澤真幸氏、鷲田小彌太氏（札幌大学）、田畑光永氏（神奈川大学）、横田恵子氏（大阪府立大学））

2000　客員教員：H・D・オルシュレーガ氏（ボン大学アジア研究センター）

2000　客員教員：J・H・ペーターセン氏（南デンマーク大学）

2000　J・H・ペーターセン氏（南デンマーク大学）社会学部創立40周年記念講演3（「福祉国家の将来－デンマークの場合－」）

2000　李強氏（中国清華大学社会学部長）社会学部創立40周年記念講演4（「中国における経済格差－都市住民と農民の収入格差－」）

　私は、クリスチャンなので、人間の限界を超えた先に、神様の存在を感じて、神様に預けるということを考えてはいますが、授業は、あくまでも学問としてやっていますので、自分の信仰は語りません。チャペルでは大いに語らせてもらっています。
　博士論文が仕上がるころ、芝野先生から関学で、1999年に社会福祉学科を立ち上げる時、死生学という講座を新たに開講するから、帰ってきてくれませんかとアメリカに連絡をいただき、それなら是非、と思って帰ってきたんです。
　次に、お世話になった先生についてお話しします。髙田先生は、物静かな方でした。チャペルトークで、私が話をするときは、必ず聞いて下さっていたのですが、終わってから話をしていたりしたら、「娘がクリスチャンではないので、そういう道が開けたらいいんですが、なかなか身内は、難しいですね」なんていう話をされていたので、亡くなられるまで気にされていたのではないかと思います。髙田先生は、いつも学科会議なんかでも、穏やかに全体を考えて、判断される方でした。『社会福祉混成構造論』という本を出されて、留学する直前でしたが、サインしてくださいました。聖書の中に、信仰と希望と愛という一節があるんですが、その頭文字をとって、「信・望・愛」という文字を書いてくださいました。私が、アメリカから戻ってきて、『たましいのケア』を出版した時も、「藤井さんに関学に帰ってきてもらって、本当に良かったです。妹の理恵さん（淀川キリスト教会病院のチャプレン　1984-1988 神学部在籍）と美和さんは1＋1＝2ではなく2＋αで、このαの部分が大きい。」最後に、「私も死ぬ時には、じたばたすると思いますので、理恵さんが働いている淀川キリスト教病院でお願いしますね」と書いていただきました。髙田先生はホスピスにはいかれませんでしたが、私は、髙田先生が亡くなられる数時間前までご一緒させていただきました。その日は、今までで1回だけ、教授会を欠席させてもらったんです。今、お会いしなかったら、二度と髙田先生と会えなくなると思って、病院にいったんです。
　病院に着いたのが、5時半か、6時くらいですかね。それで、病室で聖書の一節、詩編の23編を読ませてもらったんです。それから、先生のベッドの横で、食事もさせていただいたんです。奥さまと2人の娘さんと一緒に。それから、みんなで髙田先生のまわりで讃美歌500番を歌いました。その数時間後に先生は天に召されました。
　告別式では、奥さまが、その讃美歌を故人愛唱讃美歌として下さり、参列者の方々とみんなで歌いました。
　その前年、荒川義子先生の最期の日もその数時間前までご一緒させていただきました。ご家族と神戸女学院での教え子大和先生（S 2000-2008　2008年度より人間福祉学部）と、夫の李政元（G 1999-2003）と私とで、先生の愛唱賛美歌を歌いひとりひとりが祈りました。ホスピスでの、ほんとうにおだやかな最期でした。
　社会福祉学科では、教えていただいた先生方に支えられて歩んでこられた幸いを感じています。

卒業式でゼミ生と（2009）

卒業生6　藤井美和（G 1990-1994）

　私の父は、1968年から1973年10月まで6年弱ですが、関学の法学部の教員をしていたんです。父は、その学生紛争時の学生副部長をしていたんです。それで、全共闘の学生に中央芝生で吊るし上げられて、手首を切られて、大ケガをして帰ってきました。以後ゼミの学生が家に護衛としてずっと泊まりに来てくれていました。「藤井を人民裁判にかけろ」というチラシが、芦屋川の駅から家までの電柱に全部貼られていたんです。強力なのりで貼られていたので、まだ小学年生で、はがすことができない私と妹は、2人で泣きながら黒い絵の具で塗りつぶしていったんです。

　でも父は、関西学院のことがずっと好きで、私たち姉妹は父に教えられ、小学生の時から『空の翼』を歌えるようになっていました。大学は愛媛大学に行きました。母方が愛媛の松山だったんです。でも、私の母方の祖父は、原田の森出身なんですよ。ベーツ先生にすごく可愛がられて。越知勇といいます。愛媛県西条市の出身で、クリスチャンでした。1896（明治29）年生まれで、1920（大正9）年高等学部商科の第5期生でした。

　愛媛大学では、法文学部で法律を勉強し刑法を専攻しました。弁護士や裁判官のような法曹の世界に進もうと、かなりはっきりと思っていましたから。それが、4年生になった時、日銀の松山支店長の講義があって、それを聴いた時に、ああ経済というものも面白いと思ったんです。生きて動いていますからね。そういう面白さを感じて、マスコミを受けてみようと思ったんです。動いている生の現実を見てみたかったんです。それに、男女雇用機会均等法もなかった時代ですからね、公務員とか、学校の先生とか、マスコミとかくらいですよ、平等だったのは。平等なところで自分の力を試してみたかったということが、すごくありました。それで、新聞社に就職しました。

　山登りも好きで、関連会社でつくっている山の会があったんですね。その会で、土日で行ったり、月曜日の朝に帰ってきて、そのまま仕事に行くということもしていました。そんなに遠くには行かないですよ。例えば、大台ケ原とか、比良山とか、伊吹山とか、よく行きましたね。

　私は病気をするまでは逞しかったんですよ。あの阪急の梅田駅の3階から1階まで降りるエスカレーターがありますよね。あのエスカレーターの上から下まで、転げ落ちたこともあります。私が転げ落ちはじめても誰も止めてくれないんですよ。それで、コロン、コロン、コロコロリンと、1階まで落ちて。もう、落ちはじめたら止められないんですよ。でも、最後の引きこまれていくところは危ないと思っていたので、コロリンと転げ出たんです。その時、膝があのギザギザのところに引っ掛かって血が出たんです。あんまりカッコ悪かったから、そのままシャンと起きて、何もなかったかのように知らん顔をして、とっとっと歩き出したんです。でも、だんだん膝がズキズキして、どんどん痛くなってきて、しびれてきたんです。仕事場は、桜橋の先のサンケイビルだったんですね。それで、当時の国鉄（JR）まで来た時、阪急で、とは言わず「すみません、落ちたんです」といったら国鉄の人が包帯を巻いて治療してくれました。でも、そのまま会社に行って働きました。それが、1986年12月30日でした。世間は、28日で終わりでしたが、新聞社は大みそかまで仕事でした。ですから、その時、エスカレーターに乗っていたのは、ビジネスマンじゃなくて、綺麗な格好をした正月用の買い物の女性が多かったんですね。だから、転がる私を止められなかったのかもしれませんね。

　体調を崩して病気になったのは、仕事のし過ぎだったかもしれませんね。大阪シティ本部に異動したのも、シティリビングという女性を対象としたフリーペーパーの立ち上げで副編集長で行ったんです。立ち上げ期間って結構忙しいですよね。新しい紙面づくりまで、全部、3人でやりました。はじめてのカラーオフセット印刷、という時期でした。輪転機を使わないで、凸版印刷に委託するという、新聞の改革時期で会社としての大事業でした。毎日、最終電車で帰るような生活でした。

　そして、病気をきっかけに仕事を辞め、1990年4月、関学の社会福祉に学士入学し武田建先生のゼミに入れてもらいました。武田先生と杉本照子先生（S 1967-1970）に支えていただきました。

卒業式（1992）

甲山登山（2007）

写真コラム　地域の中の関西学院大学

社会学部設立前 1958年の甲東園駅

震災時の入試風景写真に甲東園駅が写っていた。宝盛館書店があった角のビルには、現在マクドナルドが入っている。

震災の年、入試に向かう受験生

現在の甲東園駅（2010）

宝塚ファミリーランド（1970年代）176

宝塚ファミリーランドが閉園となり、跡地の住宅展示場にはメリーゴーランドだけが残された。ファミリーランドがあった敷地の東端に、2008年から関西学院初等部が開設された。

宝塚ファミリーランドの跡地にできた、宝塚ガーデンフィールズ（2010）177

西宮スタジアム（1970年代）178

西宮スタジアムは取り壊され、跡地には大型商業施設、阪急西宮ガーデンズが建てられた。

西宮スタジアムの跡に建てられた阪急西宮ガーデンズ（2010）179

正門前の喫茶店（1970年代）180

現在の正門前（2010）181

喫茶店トップ本店があった正門前。現在は店舗が大きく変わってしまった。大学正門に向かう通りは、西宮市によって『学園花通り』と名付けられている。

85

第七章 21世紀の社会学部

21世紀に入り、日本社会学会の懸案となっていた社会調査士認定制度が誕生した。2003年、社会学部は社会学の領域で文部科学省の『21世紀COEプログラム』に採択された全国で2つの大学の1つとなった。このCOEの遂行は教育と研究の両面で多くの成果をもたらした。2008年4月に社会福祉学科が「人間福祉学部」として独立することになり、社会学部では新しい学科の設置が検討されたが、当初の構想をめぐって学部を揺るがす事態が生じた。

島村恭則授業風景 182
50周年記念事業の1つである映像記録撮影を行っている

鈴木謙介授業風景 183

社会調査士制度

関西学院大学社会学部は、髙坂健次を中心に、1995年から社会調査士認定制度をスタートさせた。日本社会学会も、社会調査士制度の必要性を認識し、広く社会に認知された資格とするために、「社会調査士資格認定機構」の設立に向けて動き始めた。

関学が先鞭　社会調査士制度

大谷信介（S 1997- ）

　私が関西学院大学に来た1997年には、関学社会調査士制度は1995年からスタートしていました。それは、髙坂先生が中心となってやられたものでした。私も、前任校の桃山学院大学で、社会調査士制度をつくってきました。関学社会学部と同じように教授会認定で、資格を出す制度でした。

　社会調査士という資格をつくるべきだということは、関東の奥田道大（みちひろ）先生が『社会学評論』に書かれたのが最初だったと思います。確か1990年頃だったと思います。その時は、単なる意見提案という感じで、学会レベルでは全く実現する雰囲気ではありませんでした。奥田先生が私と同じ都市社会学専攻であったこともあり、私は松山大学在任中から社会調査士についての制度化を模索し始め、桃山学院大学で制度化をしました。

　髙坂先生が創られた関学の制度は、相当厳しいカリキュラムでした。髙坂先生が考えられたこともあり、数理社会学も含まれた高度なプログラムが作られました。必修科目も「11科目22単位」かつ「実証的手法による卒業論文」と、現在の全国制度の「5科目10単位」かつ「社会調査実習」と比較して、とてもハードなカリキュラムでした。それは、ある意味で「真の社会調査士」となるように習得してもらいたいといえるカリキュラムだったと思います。しかし、取得しようとする学生にとっては、とてもハードルの高い資格だったと思います。教授会認定の全国の社会調査士制度については、科研報告書（細谷昂編著『社会調査の教育と実践化についての総合的研究：平成14〜15年科学研究費[基盤研究（A）(1)]研究成果報告書』2004年3月）に、標準カリキュラム制定までの動きとしてまとめられています。そこでも明記されていますが、関西学院大学社会学部が、全国で初めて「社会調査士」を制度化したということは、ゆるぎない事実です。

2001	同時多発テロ、ニューヨーク貿易センタービル倒壊
2001	森川甫教授定年退職、立木茂雄教授退職
2001	言語コミュニケーション研究科開設
2001	学部長：山本剛郎教授
2001	牧里毎治教授、古川彰教授、野瀬正治助教授、山上浩嗣専任講師、就任
2001	客員教員：西里静彦氏（トロント大学）、鄭鍾祐氏（聖公会大学校）
2001	客員研究員：谷長嶺氏（中国人民大学）
2001	2002年度入試より「大学入試センター試験を利用する入試」の導入を決定
2001	客員教員：W・ヤゴチンスキー氏（ドイツ・ケルン大学）
2001	客員教員：全光鉉氏（ソウル神学大学）
2001	客員研究員：沙蓮香氏（中国人民大学）
2001	S・シュレスタ氏、A・タマン氏講演（「ネパールにおける女性・子どもの人身売買―ジェンダー・人権の視点から―」）

祝賀会　山内一郎理事長挨拶

第七章　21世紀の社会学部

2002　ワールドカップ日韓共同開催
2002　中山慶一郎教授定年退職
2002　理工学部開設（神戸三田キャンパス）
2002　平松一夫教授、学長就任
2002　中野康人専任講師、就任
2002　北朝鮮拉致被害者5名帰国

塩原勉

　社会調査士制度ですが、あれは、関学がたいへん早く先鞭を付けてくれて、関学主導で関西社会学会の中でも、また、最終的には、日本社会学会の中でも、実現に導いてくれたんです。私が、ちょうど、日本社会学会の会長をしていた、2000年から2003年、日本社会学会の中に、社会調査士制度を設立するための特別委員会を、理事会の中につくったんです。社会調査士を制度化するための委員会です。そこで、3年間で案をまとめて、理事会で決定しました。それを発表した11月の直後に、社会調査士資格認定機構の発会式を大阪のリーガロイヤルホテルで催しました。その発会式の費用は、関学が全額出してくれたんです。たまたま、ぼくは、日本社会学会の会長をしていましたので、理事会で決まったことを、引き継ぐような形で、機構長をやらしてもらいました。まあ、名目的な立場でしたけれど。ものすごく、幸いだったことには、関学が以前の理学部だった全学共用棟の中に、1部屋無料で貸与してくださって、結局、実質5年間、お世話になったんです。大谷先生は機構の事務局次長で、事務局長は直井優という人でしたが、実質的な事務を、大谷さんがやってくれました。幸いなことに大谷さんの教え子で院生の脇穂積くん（Ⓖ 2004-2007）が献身的に関わってくれて、脇くんはほとんど毎日、関学の事務局に詰めていてくれました。2人くらいアルバイトの非常勤のスタッフもいて、大谷さんがあれこれ指示することをテキパキと処理してくれたんですね。この5年間に、ようするに社会調査士制度の実質ができあがったんです。

　社会調査士は、学部を終えた人たちに出す資格ですが、それとは別に院生以上の人たちには、専門社会調査士という資格もあって、これも、この5年間でできあがりました。最近は、社会学で専任の若手を募集すると、ほぼ全員がこの専門社会調査士資格を持っているんです。理論一辺倒でやってきた人たちから、理論にはそんな制度がないから就職で不利だ、不公平だという声が上がるくらい、当たり前の資格になってきています。社会学は、理論一辺倒ではなく、理論とリサーチとどちらもできるに越したことはないんですよ。

　大谷さんがよく指摘していることですが、自治体の意識調査にはずさんなものが多い。いい加減な調査に基づいて、自治体が政策を決めるなんて、とんでもない話です。キチンと政策を決定しようと思ったら、まず、コミュニティとか、社会全体のいろいろなところの寸法をキチンと測らないと仕立てられないでしょう。測り方がいい加減だったら、まともな政策になるわけがない。そこは、社会学の基礎と、まともな調査法を学んだ人に、任せるべきなんです。今や、市民社会のリテラシーとして、社会調査の基本的な知識を身につける必要がある。社会調査士資格認定機構は、今は、社団法人になり、法的な制度改正と連結して、一般社団法人社会調査協会というふうに名前が変わっています。

　塩原勉が語るように関西学院大学が発足直後の社会調査士資格認定機構をサポートし、事務局が全学共用棟（旧理学部棟）に置かれた。

社会調査士資格認定機構事務局

「社会調査士」全国制度へ

大谷信介

　関学が「社会調査士」制度立ち上げの5年間事務局を引き受けたことは、社会調査士制度定着にとって大きな貢献を果たしました。社会調査士認定機構が発足したのが、2003年11月でしたが、その時から2009年3月までの5年と5か月、関学に、全国制度の事務局が設置されたのです。

　日本社会学会の中に社会調査士制度を創っていく特別委員会が結成されたのが2001年でした。2002年からは特別委員を研究分担者として科研費基盤A（2年間2,730万）をとり、標準カリキュラム作成や認定方法の検討がおこなわれました。その特別委員会は、細谷昂先生を代表として、10名の委員のなかには関学から大村先生（Ⓢ 2000- ）と私が含まれていました。特別委員会の実質的事務作業は、年齢の若い私が全て任されてやることになっていきました。

　その流れ以外で関学に事務局が設置された理由を考えてみると、次の2点が考えられると思います。第1に、関学出身でもある塩原先生が日本社会学会の会長となり関西から社会調査士制度を発足させようと決断されたことです。特別委員のメンバーだけでなく、関学社会学部のスタッフも、塩原先生から「よろしく」と頼まれたら断れなかったというのが本当のところだったと思います。2003年7月14日付の当時の社会学部長山本剛郎先生に宛てた「事務局を引き受けてもらいたいというお願い」（日本社会学会長文書）も、塩原先生からの依頼であったことで、社会学部だけでなく関学全体でスムーズに承認されていったのだと思います。まさに塩原先生の人徳の致すところだったといえるでしょう。

　第2点目は、関学が「人類の幸福に資する社会調査の研究」という社会調査をテーマとしたCOEを申し込み、採択された時期だったという要因です。COEが採択された背景に、関学が社会調査士の制度化に中心的役割を果たしていたことがプラスに影響したことも確かな事実だったと思いますし、採択されたことによって関学全体が喜ぶ雰囲気があったことも確かな事実です。2003年11月29日の社会調査士資格認定機構設立祝賀会は、関西学院大学主催で、大阪リーガロイヤルホテルで盛大に開催してもらいました。その時は、理事長もあいさつに来てくださいましたが、COEを社会学部がとったお祝も兼ねて学院がやってくれたと感謝しております。

　しかし、社会調査士制度が簡単に全国制度に発展していったわけではありませんでした。特別委員会が受給した科研費は、2003年度までで、11月に機構が発足した時点では、ほとんど研究費として消化された後でした。その後は、認定機構を構成する3学会からの出資金（社会学会300万・行動計量学会・教育社会学会100万ずつ年間500万円）が3年間事務局に支給されるという状態で、全国制度の事務局を立ち上げて運営していけということでした。機構で使用したPC等は私が研究代表者として受給した科研費ですべて賄ったのが実情でした。まさに自転車操業の中小企業の社長を身を以て体験したわけです。私のゼミの卒業生に月10万円で事務員をお願いし、私の研究室の大学院生にも手伝ってもらって、何とか事務局体制を立ち上げていきました。毎日が試行錯誤の連続でした。

　一番不安だったのは「社会調査士制度」が本当に全国に普及していくのか？ということでした。2003年12月の最初の科目認定に申請してくださった大学は41大学でしたし、2004年4月に社会調査士を初めて認定できたのは17大学167名の学生だけでした。科目認定は入金は全くありませんので資格認定手数料として事務局に入ってきた最初の申請手数料は、15,000×167＝およそ250万円でした。初めて調査士認定証を郵送完了できた時は、とても充実感はありましたが、本心は、これで今後この制度はやっていけるのだろうかという心配ばかりでした。申請した大学は、関西と私学がほとんどで、関東と国立の大学にはほとんど関心を持たれていなかったのが実情だったからでした。

2002　社会福祉学科の卒業必要単位数132単位を124単位に改正

2002　社会学科における3年卒業制度の導入

2002　カリキュラム改正（従来の「研究演習」を、「総合教育研究演習」及び「社会学研究演習」へ改正）

2002　客員教員：J・クライナー氏（ドイツ・ボン大学）

2002　「大学第三次中長期計画に対する社会学部申請項目の概略」「社会学部将来構想（答申）」を学長へ提出

2002　O・ミレー氏（スイス・バーゼル大学）講演（「ユダヤ教、キリスト教、そしてイスラーム」）

2002　R・Uher氏（ドイツ・ケルン大学）講演（「グローバル・メモリーの発見：国際比較調査とデータ・アーカイヴの役割」）

第七章　21世紀の社会学部

設立総会シンポジウムチラシ（2003）

2003　同時多発テロ発生。米国を中心にイラクの大量破壊兵器所有を理由にイラク戦争開戦

2003　佐々木薫教授定年退職、石川明教授定年退職、木村真理子教授退職

2003　学部長：髙田眞治教授

2003　前橋信和助教授、森久美子助教授、森康俊専任講師、就任

2003　客員教員：E・フォン氏（トロント大学）

2003　「社会調査士資格認定機構」発足

2003　社会学研究科社会学専攻に「専門社会調査士コース」設置（研究科入学定員を6名から12名へ増員）

2003　H・Pジュディ氏（フランス国立科学研究所）講演（「戦争とイメージ」）

2003　社会学研究科、文部科学省「21世紀COEプログラム」に採択（プログラム名：「『人類の幸福に資する社会調査』の研究」、拠点リーダー：髙坂健次教授）

2003　客員教員：ラルフ　リュツェラー氏（ボン大学）

2003　客員教員：W・ヤゴチンスキー氏（ドイツ・ケルン大学）

2003　客員教員：李強氏（清華大学）

2003　客員教員：L・ニューマン氏（ウィスコンシン大学）

　金銭面だけでなくとても苦しかったことは、社会調査士制度に対する苦情が全て私のところに集中したことでした。臨床心理士制度が各大学の人事にまで関係していることと連動させて、「大学自治に対する内政干渉だ」という苦情を集中的に受けました。「連絡責任者業務が大変だ」という皮肉レベルは日常的なことで、厳しいクレームやお怒りへの対応が私の仕事の中心を占めていたのが実情だったのです。外部だけでなく身内からも足を引っ張られることがあったことが最も苦しいことでした。

　社会調査士制度が全国制度として定着していった最も大きな要因は、学部学生が熱心に資格を取ろうとしてくれた学生の資格熱だったと思います。そのことが、私立大学において「社会調査士が取れます」という入試戦略につながり、制度導入への大きな流れをつくってくれたと思います。

　2004年に167名（17大学）だった社会調査士認定者数は、2005年449名（41大学）、06年1,000名（65大学）、07年1,475名（80大学）、08年2,066名（103大学）と5年間で急速に伸びていったのです。この間には、当初学会の場でも反対を明言していた国立大学も、当初関心のなかった関東の大学も、大きな流れの中で制度加入していくことになったのです。

　関学が事務局を引き受けた5年間で、社会調査士全国制度の仕組みだけでなく、事務的ノウハウの基盤が形成されたのです。それだけでなく、5年間トータルで、社会調査士5,137名、見込み7,446名、専門社会調査士1,352名の認定者を排出したのです。調査士15,000円、見込変更手数料5,000円、専門社会調査士認定料40,000円の認定手数料で計算すると、関学事務局で2億円を超えるお金を集めたことになるのです。当然人件費、認定証作成費、電話代を含む郵便代、会議旅費、委員謝金等多くの必要経費が掛かっておりますが、2009年に東京に事務所を構える一般社団法人社会調査協会を立ち上げるに十分な金銭的基盤を形成したのです。この背景には、関学が5年間にわたって、全学共用棟の事務室と冷暖房の光熱費を無料で提供したことが大きく貢献しているといえるのです。2009年3月31日には、社会調査士認定機構の理事長、副理事長全員が、杉原左右一関学学長（商学部）に対して、感謝状を贈られました。この事実も含め、関学が社会調査士全国制度の生みの親であるという事実については、記録として歴史に残しておくべきだと思います。

社会調査士資格認定機構設立総会シンポジウム

『「人類の幸福に資する社会調査」の研究』が「21世紀COEプログラム」に採択

社会学を中核としてCOEプログラムに採択されたのは、東北大学と関西学院大学の2大学であった。5年間にわたり拠点リーダーを務めた髙坂健次にその狙いを語ってもらった。

21世紀COEプログラムのタイトルと狙い

髙坂健次

　文部科学省が最終的にCOEというプログラムの名前や骨子について確定するまでには多少の紆余曲折があったんです。当初、遠山大臣（当時）が発案したのは「（大学の）トップ30」を選ぶ、というものでした。

　本学部は、質量とも社会学については日本のトップを走っているし、走ることができるとの自負はありました。「トップ30」であれ、「21世紀COEプログラム」であれ、社会学部が大学内で率先して応募するのがよいと思われたのです。

　タイトルをどうするか、テーマをどうするかについては随分と頭を悩ませました。学部からとりまとめ役を仰せつかった私としては、学部構成員の声に耳を傾けるべきだと思いましたが、予想どおり簡単に話はまとまらないのです。ですが、まったくのバラバラというわけでもなくて、「社会調査」、「市民社会」、「アジア」といったあたりの鍵概念に収斂しつつありました。

　他方では、ともかくも「21世紀COEプログラム」というのは世界に打って出る日本が誇りにしうる大きなテーマこそがふさわしい、と考えました。そうすると、上の3つの鍵概念のいずれも研究的視点からすれば不足がないとはいえ、「まだ小さすぎる」気がしました。

　そこで、或る時、私は「誇大妄想か、アタマがおかしくなったと思われるかもしれないけれど」と前置きをして、白板に「人類の幸福に資する社会調査」と大書きしました。集まった同僚の間には一瞬、名状しがたい沈黙が流れたのです。けれど、結局はそれを微修正して採用することに決まりました。『「人類の幸福に資する社会調査」の研究』と。

　微修正は、末尾に「〜の研究」を付けたした点にありました。そうすることで、私たちのCOEプログラムでは「人類の幸福に資する社会調査」がどのようなものか、どのようなものでなければならないかということを考察し、実例を示すことをテーマとするとしたのです。その意味では、「社会調査」が研究の直接的対象になっており、幸福論そのものが中心的課題ではなかったのです。この微修正は研究の裾野の大きな広がりをもたらしたとともに、「外から」見るとやはり「幸福調査」や「幸福研究」が中心だと「誤解」されたり、何か煮え切らない印象を与えたりしたように思います。

　しかし、試行錯誤を含めての5年に亘る研究のおかげで、本学社会学部と「人類の幸福」とに切っても切れない結びつきができあがったし、国内外に対してもそのようなメッセージを伝えることができたように思っています。そして、その副次効果かどうかは分かりませんが、研究や政策の場面で「幸福」（や不幸）が話題にされることがめっきり増えてきたと感じています。

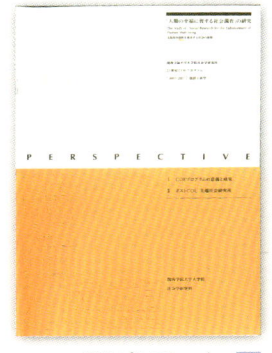

COEパンフレット **188**

2004　春名純人教授定年退職

2004　法科大学院開設

2004　畑道也教授、院長就任

2004　入学定員増員（520名→650名（社会学科：380名→475名、社会福祉学科：140名→175名））

2004　「社会調査士資格認定機構」による「社会調査士資格認定」制度の発足に伴い「関西学院大学社会調査士」制度を改正

2004　松岡克尚助教授、ハンス・ペーター・リーダバッハ専任講師、山泰幸助教授（COE教育支援任期制教員）、浜田宏助教授（COE教育支援任期制教員）、就任

2004　客員教員：H・ヴィンケン氏（ティルブルグ大学）

2004　「関西学院大学社会調査士」制度を改正（「社会調査士資格認定機構」による「社会調査士資格認定」制度標準カリキュラムに即して）

2004　2005年度入試より、「AO入試」として「帰国生徒入試」及び「自己推薦入試」を導入することを決定

第七章　21世紀の社会学部

2004　D・マツモト氏（サンフランシスコ州立大学）講演（「日本人の異文化適応力と情動制御－社会人と学生の国際比較」）

2004　H・ベフ氏（スタンフォード大学名誉教授）講演（「日本における文化的多様性－その過去・現在・未来－」）

2004　門脇轟二氏（本田技研工業株式会社）講演（「異文化の社会で働くということ－中国の自動車市場とホンダの四輪事業－」）

2004　客員教員：T・C・キョン氏（シンガポール大学）

2004　R・ゴーシュ氏（カナダ・マギィル大学）講演（「女性・人権・地球市民」）

2004　スマトラ沖地震、沿岸各国で大津波被害

注5：社会科学的根拠に基づく実践モデル。

COEの意義と成果

髙坂健次

「進む（採択される）も地獄、退く（不採択になる）も地獄」と全国的に自虐的に語られたCOEも、終わってみれば、社会学部／社会学研究科にとって圧倒的な意義がありました。

私は総括的な編集本のなかで、COEの目指したものを「3つのオールターナティヴ」の積集合にあったと述べました。「オールターナティヴ」とは「今とは異なった様相」との意味であり、3つとは「社会学」「社会調査」「社会」でした（Kosaka and Ogino eds. A Quest for Alternative Sociology, 2008）。

成果は3つのオールターナティヴの重なるところに収斂するまでには至らなかったのですが、社会学領域では、「幸福の社会理論」や「ミストオポチュニティ［（幸福を掴む）機会を取り逃がした事象］の社会学」を構想することができました。社会調査領域では、「いじめのアニメ」制作や「村の日記」（滋賀県高島市マキノ町上知内の記録）のデータベース化や福祉領域における「エヴィデンス・ベースド・モデル」の構築、「幸福調査」の実施、国際比較等を行うことができました。社会領域では、「幸福の加算よりは不幸の減算を」という指針を打ち出すことができたのです。

戦後の世界は、経済発展から環境保全へ、戦争から平和へ、独裁からデモクラシーへと理念的に推移してきたものの現実は厳しく、実は理論的にもしっかりとしていなかったと言わなければなりません。そのような中で、私たちが「人類の幸福」を正面から掲げた（再掲した）ことは、いわば「コロンブスの卵」であったのではないでしょうか。

「関学のCOE」は、社会学科と社会福祉学科の共同作業の結果であり、同一の学部／研究科内での相互交流と切磋琢磨が中心的に結実したものであったところに、内外からみて大きな特色があったといえます。社会福祉学科はやがて人間福祉学部として分離独立していきましたが、社会学部の「50年史」を振り返るとき、この特色は学（部）内的にも銘記されるべき事柄であるといえるでしょう。

COEプロジェクトが形式的に終了したのちも、内外に派生的効果を生みました。COEがさまざまな局面で大学院教育の充実と院生の強化に資したことはむろんですが、その後「大学院GPプログラム」（「社会の幸福に資するソーシャル・リサーチ：ソシオリテラシーの涵養」）が採択されたことは、やはりCOEの成果のおかげといえるでしょう。放送大学（ラジオ）では2008年度から4年間『幸福の社会理論』を担当することになりました。COEプロジェクトの1つとして、当初より提案されていた「社辞郎」（Socio-pedia）案の一部は、ISA（国際社会学会）会長プロジェクトとして結実し、2010年7月からSOCIOPEDIAがオンライン上で始動することになりました。私が、このSOCIOPEDIAの4人からなる初代編集員体制の一翼を担うことになったことも派生的効果の1つと言えるでしょう。

大学院GP運営委員会

人間福祉学部設置と新学科設置の断念

1999年に独立した社会福祉学科は、学部として独立することを求められるようになった。

「人間福祉学部」構想

芝野松次郎

　社会福祉学科設置で一段落と思っていたら、しばらくして、また天の声があり、社会学部から独立するような方向が出てきたんです。「絶対いやだ」というのが、福祉学科教員のほぼ全員の声でした。学科が独立し、忙しくはなっていましたが、それなりに安定して学科運営は、進んでいたんですよ。話の出所には、たぶん、大学、学院の拡張政策があります。「もう、社会学部に残っても居場所はないですよ」というメッセージを天の声として聞きました。私は、もう、これは新しい学部をつくるしかないという気になりました。

　関学は幾つか問題を抱えていましたが、今回は、体育の先生のことがありました。社会福祉学科を独立させ、学内シーズとしての体育の先生方と一緒にして、学部にしようということが、新構想として考えられたのです。

　文科省といろいろやり取りしながら、新学部設置を進めていきました。ちょうど、その頃ですね。私は、文科省の大学設置審の委員になり、その後履行状況調査委員をしていたんです。設置審の専門部会の主査か、副査をやった人間がなるんです。私は、設置審の福祉の専門部会の副査をしましたからそうなりました。以前の学科申請の時とは事情が違いました。

　我々は、新学部の設置に際して絶対に3学科にしてほしいという要望を出したのです。我々の教育研究理念を実現するためには、絶対に3学科が必要でした。また、必要な教員の数を確保するためにも3学科がマストでした。1つの学科に必要な教員というのは、学生の数によって決まってきます。人間福祉学部は、学生定員を300名でスタートしました。社会福祉学科を130名にして、社会起業学科を、日本初ということで少し用心して70名に、人間科学科を、スポーツ・健康科学は関心のある高校生が多いということで100名にしました。それぞれ学科に文科省が定める教員数を絶対確保してほしいと要求しました。福祉だけ見ると、175名が130名になったんで、入学定員は減っています。関西で一番大きいと言われた175名も福祉の領域では今後必要ではなくなるという見通しを立てたのです。それでも大手の4年生大学では一番多いんです。同志社よりもはるかに大きいですよ。

　人間福祉学部の独立と併行して、社会学部に対して、減少した社会福祉学科分の学生定員を増員するために、新学科の設置が求められた。

芝野松次郎

2005	荒川義子教授定年扱退職
2005	ビジネス・アカウンティングスクール開設
2005	学部長：對馬路人教授
2005	人間福祉学部（入学定員300名）の設置構想を承認（2008年4月設置）
2005	大学評議会において、「社会福祉学科が独立した後、社会学部はそれに相当する社会学部の入学定員の増員に努めること」が承認
2005	「社会学部将来構想検討委員会」発足
2005	新学科（社会表象学科（仮称）、入学定員：200名、開設時期：2008年4月1日）設置を教授会決定
2005	客員教員：李貞実氏（中華人民大学）
2005	客員教員：K・キース氏（サンディエゴ大学）
2005	W・ヤゴチンスキー氏（ドイツ・ケルン大学）講演（「ヨーロッパにおける国際比較調査とそのインフラストラクチャー」）

人間福祉学部校舎

新学科設置に向けて

對馬路人

　私の前の学部長は、社会福祉学科の髙田さんでした。まあ、全学的な動きとして、経営上の理由から理事会側から1学年の学生定員の600人純増という要請が大学評議会につきつけられました。大学評議会では、それを受けて300人規模の学部を新たに2つ創るということで検討が始まりました。どういう学部にするか、いろいろな案があったんですが、まずは、社会福祉学科に学部として、独立してもらいましょうという案が決まりました。もう、1つはなかなか決まらなかったんですが、結局、昨年、国際学部（2009年）がスタートしましたね。それで、福祉学科が、独立して300人規模の新しい学部になっても、福祉が抜けた分、社会学部は、175名のマイナスになる。そうしたら、差し引き125名しか増えないじゃないか、ということですよね。理事会としては、300人増やしたいから、学部を新設するのだから、社会学部はその分を埋め合わせをしてほしいということでした。私も、それは1つの要望程度に受けとめていたのですが、最初に出席した学部長会では、埋め戻すことが、はじめから既定の条件だというふうに、「埋め戻してもらわないと困る」と大学の執行部などから強く言われたのですよね。私も抵抗して、結局学部としてそれに向けて鋭意努力するという風にしてもらいました。

　私の方も、そのあたりの話を髙田先生から、きちんと引き継げなかったのかもしれません。まあ福祉の方もかなり迷ったんですよね。学科として独立してからまだ5年くらいしか、経っていませんでしたから。福祉学科の方々は、別に独立したいなんて思っていなかったんですよ。もちろん社会学部の方も、福祉に出ていけなんてまったく思っていないですよ。ただ、もし、福祉学科が出て行ったら、社会学部は、埋め戻さないといけなくなるということですね。独立した場合に、社会学部としてどのように定員を増やすのかを考えた時、そのまま1学科でもいいのだけれど、何か新しいことを打ちださないと、単なる水増しでは学生のレベルが低下するかもしれないということもあり、新学科の可能性を検討することになったのです。それで、新学科の提案を募ったところ、先生方のなかから「社会表象学科」という案がでてきました。「表象」という概念は斬新だが、受験生にわかりやすいかどうかなど、いろいろ議論されましたが、教授会でゴーサインがでました。それで、新しい学科を作るのならば、それなりの内容、カリキュラム、教員の陣容を整えないといけないということで、社会学部の中では、そっちに議論が移っていきました。ただ、新しい学科を立ち上げるために持ち時間がなかったんです。提案から立ち上げまで1年半くらいですよね。立ち上げまでのカリキュラムやスタッフなどの実質的な準備の期間というと1年程度でした。かなり突貫工事という感じでしたが、手続き的には、教授会でも了承され、大学評議会でも承認され正規の手続きを踏んでやりました。

「社会表象学科」案

　大学本部からの、減ってしまった学生定員を早急に埋め戻すようにという要求は、社会学部内部の認識よりも、はるかに強固なものであった。

髙坂健次

　社会福祉学科が、分離独立する形で、人間福祉学部というものができた。それが、2008年4月でしょう。できたから、社会学部の入学定員が、少なくなった。社会福祉学科は175名、定員があったのです。その分を社会学部から抜いて、人間福祉学部として300名とした。その分、我々は、社会学部の方は、650名の定員から175名を引いて、475名と小さくなったわけですよ。なったはいいが、それでもいいか、と思っていた矢先に、大学本部の方が、大学経営の観点から定員を元に戻すようにといってきた。当時は平松一夫学長（商学部）のときですよ。当然のこととして、なくなった分の175

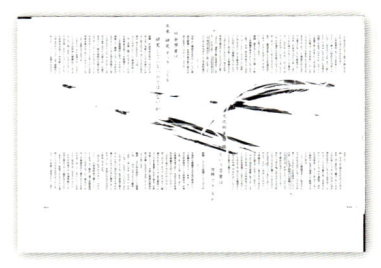

大学院案内パンフレット [192]
「なぜ関西学院の社会学なのか」

2006　紺田千登史教授定年退職

2006　小西加保留教授、西村正男助教授、就任

2006　客員教員：カマル・フィヤル氏（開発研究教育機関　SAGUN）

2006　客員教員：M・J・グッドマン氏（ヨーク大学）

2006　客員教員：趙誠倫氏（済州大学校教授）

2006　新学科「社会表象学科」新設案を白紙に戻すことを教授会決定。学部長（對馬路人教授）辞任

2006　客員教員：W・ヤゴチンスキー氏（ドイツ・ケルン大学）

2006　髙坂健次教授、新学部長就任。学部再編に向けて再出発

2006　客員教員：肖放氏（北京師範大学）

2006　髙田眞治教授退職（ご逝去）

名を埋め戻せということをいってきた。学生を増やせと言ってきた。その175名を増やすために何か考えろといってきた。社会福祉学科が出ていったわけですから、社会福祉ではだめなわけですから、何か社会学の中で大くくりの新しい学科をつくりたい。いわゆる社会学科というものと別の何か。場合によっては、社会学科という名前を変えてもいいかもしれない。大昔の国立は、社会学の中で、理論と経験という分け方で2講座を開いていた。ということは、社会学科と何学科でもいいけれど、場合によっては社会学科の方も、ふさわしいように変えてもいい。いずれにしても175名は大きいので、もう1つ学科を作りましょうということになった。

当時の對馬学部長は、このままこじんまりといきたいという思いもあったのだけれども、全学的には発言のチャンスさえないような雰囲気で新学科新設が既定路線となっていった。しかも、非常に急ぐ形で進めなければならなかった。2006年には文科省に書類を出していないといけない。それで、先だって学内に委員会を作って、検討し、「社会表象学科」を作りましょうということになった。その時の中心のメンバーは、荻野（Ⓢ1990- ）、古川（Ⓢ2001- ）、阿部（Ⓢ2000- ）、難波、山路（Ⓢ1973- ）、でした。べつに、荻野、古川だけがやったわけではなく、阿部さんなんか、非常に頑張った。そこで、いろいろな局面があったけれど、形式的なことだけをいうと、いったん社会学部として作ることが決定した。そして、大学に「作ります」ということを報告した。そして、大学評議会でも通った。理事会でも承認された。それで、文科省に事前相談を受け、それもいいでしょうという評価を受けた。

ついては、その新しい学科をつくるにあたり、新しい教員を7名ばかり採用することになった。それは、そうですよね。人間福祉学部に13人の教員が転出していかれたわけですから、13人とはいかないまでも教員のほうも埋め戻さないといけない。でないと新しい学科はできない。それほど厳しくはないのですが、学科新設の設置基準というのも決められているわけです。それで、7人の人事が進んだのです。その時に、今から思えば、教授会に対して、もう少し慎重に事をすすめてもよかったのかという気はしますが。ともかくラインナップが全部決まった。

ちょうど人間福祉学部を作る時もそうだったのですが、必ずしも公募をかけてやるわけではなく、この時も公募はかけないで人選をすすめました。

それで、7人の候補者が決まりました。ただ、人事ですから人が絡む。これでいいかどうかという承認は一括ではなしに、1人1人についてやらざるをえない。それで承認を得る投票にはいるところまでやった。そこで人事案は否決され、頓挫した。それは、すごい問題になりました。2006年のことでした。票は覚えていないけれども、教授会でもたくさんの白票や反対票が出て、にっちもさっちもいかないということで、對馬学部長は辞めた。私から見ると對馬学部長に瑕疵はなかった。やり方に間違いはない。ただ、少し急ぎ過ぎたかもしれない。もう少し丁寧にことを進めてもよかった。その結果、瑕疵はないけれども、教授会の足元でひっくり返されてしまった。

通学風景 193

2007 米国住宅バブル崩壊する（サブプライムローン問題）

2007 ルース・M・グルーベル教授、院長就任

2007 「学部再編」を実務面で進める体制として「社会学部再編準備委員会」及び「人事戦略委員会」の設置を教授会承認

2007 小西砂千夫教授、河鰭一彦教授、甲斐知彦准教授、佐藤博信准教授、溝畑潤准教授、林直也専任講師、社会学部へ移籍

2007 北井晃一事務長、就任

2007 客員教員：W・ヤゴチンスキー氏（ドイツ・ケルン大学）

新学科断念

對馬路人

新しい学科のための教員スタッフの人選は、1人1人公募ではとても間にあいそうにない、実績のあるふさわしい人が得られるかどうか心配もあるということで、スカウト方式としました。ただし、学部の先生方からは広くふさわしい人物の推薦をいただくということも致しました。

最後に、実際に教授会に候補者の名前が出た段階で、いろいろな意見が出てきたんです。この人事はどうかとか、もうちょっと考えた方がいいのではないかというような意見が出てきたんです。でも、名前を公表してしまった時には、本人の了解を取り付けているわけです。本人は、何年後かに関学に行くつもりでいろいろご自身の身の振り方もふくめて、それに合わせて準備してもらって

第七章　21世紀の社会学部

2008　リーマンショック、世界経済停滞

2008　オバマ氏、黒人初の大統領当選

2008　客員教員：澄子T・ヘネシー氏
　　　（Crossroads for Social Work）

2008　浅野仁教授定年退職、山本剛郎教授定年退職、山泰幸准教授（COE教育支援任期制教員）任期終了、浜田宏准教授（COE教育支援任期制教員）任期終了

2008　「人間福祉学部」開設

2008　関西学院初等部開設（宝塚市）

2008　先端社会研究所設立

2008　杉原左右一教授、学長就任

2008　松浦勉教授（任期制教員）、渡邊勉教授、島村恭則教授、就任

2008　芝野松次郎教授、室田保夫教授、小西加保留教授、牧里毎治教授、小西砂千夫教授、河鰭一彦教授、前橋信和准教授、大和三重准教授、池埜聡准教授、松岡克尚准教授、武田丈准教授、藤井美和准教授、甲斐知彦准教授、佐藤博信准教授、溝畑潤准教授、川島恵美専任講師、林直也専任講師、人間福祉学部へ移籍

大学祭（2009）

いるんですよね。そういう段階で1人1人、差し替えるなんて、とてもできない状態でした。

　まあ、いろいろ異論も聞こえて来てはいましたが、もう引き返せない状態でしたので、とにかく投票で信を問うたんです。人事の場合は、過半数ではなく3分の2の票が必要なのです。また、投票権の問題もありましたが。その時には、福祉学科の先生たちも社会学部の教員ですので、投票権があったのですね。福祉の先生たちは、その新学科の先生たちが来た時には、自分たちはいないんですよね。自分たちの抜けたあとの学部のスタッフの人選にかかわらねばならなかったのですから、しんどかったと思います。それで、いざ、開票してみると、1人目の人事で否決されてしまったということです。白票が多く出たこともあって、結局3分の2の賛成を得られませんでした。白票というのは否決票と同じですので。その1人目の方は、教授会に名前を公表されてからも、特に疑問とか、反対意見なんか、出ていなかった方だったんです。ですから、その人が否決されるような状況では、もう、どの人事も難しいなということで、その時点で投票は止めてしまいました。最後まで投票をすると、否決される人が何人も出てくることが予想されるわけです。その否決された人の名前が漏れると、また、問題ですので、それを避けるということで、もう、その時点で止めてしまったのです。

　新学科構想委員会が、責任を持って選んだ人物ですので、その方が否決されてしまったわけですから、これはもうどうにもならないということになり、新学科構想自体が崩れてしまったのです。

大学から求められた新学科設置は、学部内部で、21世紀COEプログラムと関連付けて捉えられたことが、混乱に拍車をかけることになった。

断念の理由

髙坂健次

　それからもう1つは、当時、私が拠点リーダーで21世紀COEプログラムをやっていた。COEは私がリーダーで、荻野、古川、芝野の3名がサブリーダーでした。とくにその3名の中の1人の荻野さんが事務局長だった。大学院GPで古川さんにやってもらっているのと同じ役割ですね。事務局長という立場は。それで、「表象学科」を構想している中心的メンバーが、なんかCOEと結びついているように受けとった人がいた。少なくとも、そういう印象が一部の人たちに強くあった。COEということになると、COEは研究のための（研究費の）重点配分がされるので、たとえば、社会学部の教員が何十名もいるからといっても、みんなに押し並べて平等に振り分けるということは無理なのです。大学院GPもそうで、今度申請する教育GPも同じです。みんなが等分に関わるということはない。それからお金を例えば百もらったからといって50人スタッフがいるからといって50人で分けるというものでもない。だから、そうするとCOEをもらったからといって、COEに関わっている人とそうでない人の差がでてくる。その便益に浴する人とそうでない人がなんとなく分かれてくる。本来そういうものであってはならないけれども、なんとなくCOEから外されているとか、なんとなく疎外感を感じる人というのが出てきていた。その他にもいろいろな複雑な要素が全部入り混じって、分かれ目を形作ってしまったようなところがある。それが、学科を分けることと、繋がってきてしまった。

　それや、これやで2006年の10月の末だったか、對馬さんは辞められたのです。本来は学部長を2年やるところが、1年半ほどで終わった。それで、残りの任期を引き継ぐという形で私がやり、その次も私が再任されることになりました。私は10月にバトンタッチを受けて、なんとか収拾を図りました。統合を計りました。とっても苦労しました。

学院への陳謝

髙坂健次

　全学からもものすごく叱られました。大学からも、理事会からも。当時、私は理事ではなかったのですが、自宅にいるときに理事会から呼び出されて、「釈明に来い」ということで、行きました。

「理事会が決定したことを社会学部の教授会が覆すとは何事だ」

「理事会がなぜ決定したかというと、社会学部からの要請で、大学評議会から新学科を新設したいと上がってきたので新学科新設を承認し、『よろしい』と決めた。それなのに、その社会学部自身がそれを覆すとはどういうことだ」

「ガバナンスが崩れている！」その時は、ガバナンスという言葉が非常に前面に出たんです。「とんでもない話だ。どういう制裁を加えようか」、というぐらいの勢いでした。もう、理事会は怒り心頭に達していたのです。ですから、「学部長を呼び出せ」ということで、その時、学部長はすでに私に交替していたので、私が理事会に出かけたのです。

　私は自宅が大学から比較的近かったので、雨の中、急遽、車を飛ばして、駆けつけたのです。すると、理事会は休憩をとって、私が来るのを、手ぐすねを引いて待っているのです。

　それで、「たいへんいい機会を与えていただいたのでキチンと釈明したい。」

「まず、たいへんご心配と、ご迷惑をおかけしましたことをお詫び申し上げます。」

「けれども、そもそも出発点として、新設された人間福祉学部に175名の学生が抜けたことに対して、すぐにその175名分を埋め戻せと、まったく社会学部の意向をなんにも聞いてもらうことなく、大学側が半ば強引に定員の埋め戻しを指示し、拙速にもなりかねない状態で学科新設構想を急がせてきたことが、今回の混乱の遠因としてあるということを申し上げたい。本当は、その定員をいつ、いくら増やしていこうかという議論からはじめるべきだったのにそれがないままにきた」以下、こういう経緯で、こういうことになりましたということを、30～40分間、話をしました。そうすると理事のみなさんもじゃあわかりましたと、だいぶ怒りも収まってきて、全理事が多少理解を示してくれた。

　それから、徐々に、徐々にですが、社会学部が全学的な信頼を取り戻していったという状態です。その時に、いろんなことを考えたんですけれども、ともかく社会学部スタッフ全員に責任はある。社会学部は自分たちの教授会で決定したことを、自分でひっくり返したのですから。もちろんいろんな解釈をする人もいて、状況が変わったからしかたがないという意見もあった。けれども、状況が変わったといっても、極端に天地がひっくり返ったというほどの状況の変化が身近で起こっているわけではない。社会学部教授会だけが、「これを創るといい」、また、「これを止める」といった。それはいかんでしょう。やはり、反省の気持ちというか、何かを、文章とお金で（目に見える形で）意思表示をしていただきたいと私は教授会に要求した。そうして、一定のお金と文章がまとまった。その中には、誰がどういう文書を配り、どのような行動をしたかということまで、あまりにも赤裸々に実名で指摘した文章もあった。

　私はそれらの文章を報告書にまとめようという気持ちもあったけれども、そうすると学部内の亀裂をかえって大きくしてしまうことになる。それで、これをこのまま公表するわけにはいかないということで、当時の事務長だった速水さんと2人でこの文書は一定期間は封印すると決めました。よくあるでしょう、アメリカの国家文書などで何十年か後に公表するというのが。そのような手段を採りました。

2008　客員教員：B・H・エリックソン氏（トロント大学社会学科）

2008　「50周年記念事業委員会」及び「本館建替検討委員会（2012年までの学院中長期経営計画による）」を設置

2008　M・シファラス氏（オルレアン大学）講演（「法的擬制の諸相」）

2008　社会学研究科、文部科学省「組織的な大学院教育プログラム（大学院GP）」に採択（プログラム名：「社会の幸福に資するソーシャルリサーチ教育－ソシオリテラシーの涵養」、拠点リーダー：髙坂健次教授、2010年度より古川彰教授）

2008　客員教員：W・ヤゴチンスキー氏（ドイツ・ケルン大学）

2008　社会学部設立50周年記念事業委員会発足〈安藤文四郎教授（委員長）、阿部潔教授（記念講演会担当）、打樋啓史教授（記念式典担当）、奥野卓司教授（50周年記念映像担当）、武田丈教授（50年史編集担当）、古川彰教授（50年史編集担当）、渡邊勉教授（卒業生調査担当）〉

大学祭（2009）

第七章　21世紀の社会学部

卒業生7　松村和彦（Ⓖ 1999-2003　京都新聞社写真映像部）

松村和彦

大学生になる前、高校3年生の秋、関学を下見に行きましたが、地方都市の姫路に住んでいたので、関学のキャンパスには驚きました。洋風建築が立ち並ぶ洗練されたイメージに、大学とはこういうところかと、新鮮な魅力を感じました。大学時代は、4年間、姫路から通ったんですが、そのイメージはずっと変わりませんでしたね。

学生時代に好きでやったことは、写真ですね。1年生の時から、写真部に入りました。まだフィルムの時代でしたから、一眼レフカメラをはじめて持ち、モノクロフィルムを部室で現像していました。個人的な作品づくりのテーマとして、モノクロ写真で、弓道部やオーケストラ部などの他の部活動の写真を撮りました。3年生の春には、オーケストラ部から新入部員募集に写真を使いたいと頼まれて、それまで撮影した写真から新入部員募集のポスター用に20カットを提供しました。総合的にいうとあまり勉強はしませんでしたね。結局、卒業に必要な単位、ちょうどしか取りませんでした。なぜかというと、勉強より、趣味やバイト、遊びに熱心でした。今振り返ると、学ぶ面白さがわかるほど、のめり込んで勉強しなかった学生でした。

ゼミは、大谷ゼミを選びました。なぜ、大谷ゼミを選んだのかというと、1年生か、2年生のときに受けた大谷先生の社会調査法の授業が、結構面白かったからです。どのゼミにいくのか、とくに執着していたわけではありませんでした。その授業で面白かったのは、正しい質問の作り方というものでした。そのゼミでは、調査の結果を基にし、学生が執筆してミネルヴァ書房から実際1冊の本を出しています。

大学に入ったころは、ちょうど、パソコンが学生の必須アイテムになっていた時代だったんですけど、はじめてパソコンというものを買いました。それで、インターネットもはじめたんですが、ネットに掲示板というものがあり、その「友達募集」に応じて書き込みをしてくれたのが、「はりま自立の家」の平松祥子さんでした。

一度、遊びに来てもらえないかということで、姫路のぼくの家からは、北に国道29号線を、1時間半ほど車でひたすら走った山の中にある宍粟郡一宮町（現在、宍粟市）の「はりま自立の家」まで出かけてみました。平松さんは、脳性マヒで電動車イスに乗っておられて、でもその車イスで自由に動いて、さをり織をしたり、絵を描いたり、写真を撮ったり、活発に活動されている方でした。話も上手で、ネット上の文章も上手な方でした。そのうち、平松さんが「この『はりま自立の家』に写真サークルがあるけれど、その講師は関学のカメラマンをしている古谷桂信さんだから、紹介してあげる」といってくれたので、月に1回の写真同好会の活動日に合わせて、はりま自立の家に行ってみました。その当時のぼくは、社会に対する関心も経験も少なかったですし、障害のある方に接するのもはじめてに近かったので、写真を撮るという行為が、自分がするときとは、あまりにも違うので、正直、驚きました。写真1枚撮ることにとても時間をかけておられるというか、時間がかかるんだなというふうに思いました。撮りたいものがたくさんあるだろうに、それが果たして、思い通りに撮れているのかなあ、という思いは正直ありました。

大谷信介ゼミ（後列左から4人目が松村知彦　2003）

就職は、京都新聞に記者として合格しました。関学に合格した入試もそうだったんですが、京都新聞に合格したことも、たいへん幸運でした。

　最初に配属された支局の時には、現場で戦う武器を持っていなかったので、はがゆい思いをしましたが、写真映像部に配属されてからは、カメラという自分が好きな得意な武器が手にあるわけですから、ずいぶんやりがいを実感できるようになりました。戦うすべを得たような気分になりましたし、写真の腕を磨いていくにつれて、だんだんと新聞社内での自分の立ち位置を獲得していった感じはあります。もちろん支局時代に苦しみながら身につけた記事をまとめる力も大いに役に立ちましたから、写真映像部に入ってからも、「お前が撮りたいものを見つけたら、それについては自分で書いていいぞ」と、写真映像部の上司も指示してくれましたので、有難かったです。

　就職ということに限っていえば、ぼくが大学時代に読んだ本の中で「職業があなたに力を与える」というような意味のフレーズがありました。その言葉がぼくには非常に印象的でした。それで、自分もそのような職業を探しました。サン＝テグジュペリの『人間の土地』に出てきた言葉だったと思います。そのサン＝テグジュペリの言葉「職業があなたに力を与える」は、「Mastery for Service」に対比する類似語になっているような気がします。最近になって、マスタリーの部分とサービスの部分が結びつき、同居できるようになってきました。今、思うと意味のある言葉だったんだなと思います。でも、あれだけしつこくいわれたら、学生時代は、なんか反発しますよね。おそらく言葉を憶えてほしかったんですね。今思うといい言葉だ、意味のある言葉だなと思います。社会人になって初めて実感しました。

（このインタビューは、ガンで亡くなった平松祥子さんのお別れ会の後、「はりま自立の家」で古谷がおこなった。）

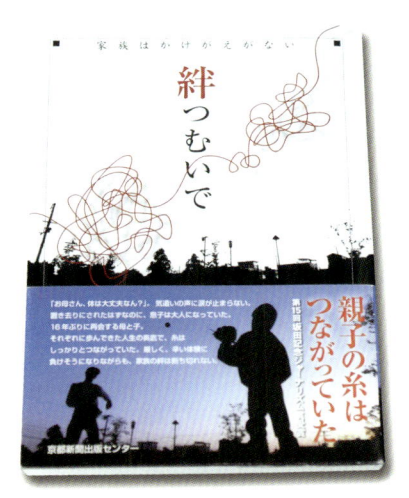

京都新聞写真映像部員による連載をまとめた『絆つむいで』（京都新聞出版センター、2008） 198

はりま自立の家　理事長が前出の片岡實 199

写真同好会撮影会での平松祥子 200

第七章　21世紀の社会学部

卒業生8　三倉茉奈（G 2004-2008）　三倉佳奈（G 2004-2008）

関西学院大学社会学部へ

茉奈　高校3年生になって、本気でどこの大学の何学部に行こうかと考え始めて、まずは国公立大のオープンキャンパスに行ったのですが、これといういい所がなくて決まらなかったんです。

それで、国公立とか関係なく、改めてどこにどんな学部があるのかを夏ぐらいからいろいろ調べてみたんです。すごくギリギリでしたが（笑）そうしたら、社会学部という存在を知りました。

それまでは、文学部とか、経済学部しか知らなくて、社会学部が何を学ぶところなのか解らなかったのですが、調べてみると、マスコミ・環境問題などとても興味深い内容で、「これは面白そうだ」と思ったんです。それで、関西で社会学部といったら、関学か関大しかないと思い、オープンキャンパスに行きました。まず関学のキャンパスの雰囲気に魅かれました。現役の社会学部の学生さんとも話をさせてもらったらすごく自分たちと雰囲気も近いなと思い、大学の授業についても、楽しそうに話してくれたので、ここで勉強したいなと思って決めました。

佳奈　私たちは小さい頃から仕事をしているので、まさにメディアの中で仕事をしてきたんですが、その仕事を関学の社会学部で学べば、客観的に見ることができるんじゃないかなと思いました。

魅力ある授業

茉奈　とにかく授業が面白かったですね。他の学部の友達は、授業がつまらないとか、90分が長いとか、めんどくさいとかいう人もいましたが、社会学部の私たちが受ける授業は、毎日、新しい発見に気付かせてくれるし、身近なニュースだったり、流行のことなんかも取り上げてくれるし、社会学の基礎なども、楽しくて、本当に興味深かったです。友達もみんな、社会学部の授業は面白いと話をしていました。

キャンパスライフ

佳奈　最初はキャンパス内を歩くたびに人だかりができていたりして、注目されてすごく怖かったんです。でも怖いからといって、大学に行かなかったら、どんどん行きにくくなるけど、毎日通って、普通にいつでもいるということになれば、だんだん慣れてきてくれるだろうと期待したんです。そうしていたら、マナカナがいることが普通になっていきました。

茉奈　仕事も大学の授業に合わせて調整してもらいましたので単位も落とすこともなく卒業できました。

難波功士ゼミ　甲山バーベキュー

難波ゼミへ

茉奈・佳奈 3回生になって、ゼミは難波先生だとはじめから決めていました。一番人気だったんじゃないですか。

茉奈 社会学部に入り、メディアのことを学び、専攻しているので、自分たちの仕事ともしっかりリンクさせて、勉強したことを仕事に生かしたいと思いました。そういう意味では、難波ゼミが一番でした。

茉奈 授業では、いろいろな教科書があったりしましたが、難波ゼミでは、教えてもらうというよりも、自分が興味のあることや、やりたいことを自分で勉強していくやり方でした。自分磨きのゼミでしたね。

佳奈 自分の将来やりたいことが決まっていたら、例えば、広告代理店に勤めたい、新聞社に入りたい、アナウンサーになりたいなど、目標があればそれに向かって取り組めばいいというゼミでした。自分を深めていく2年間という感じですね。

茉奈・佳奈 みんな高い目標を掲げていて、その目標を遂げる人は多かったですよ。就職浪人してから出版社に入った人もいました。

在学生のみなさんへ

佳奈 大学時代は時間もたっぷりあるし、本当に自由です。在学中はそれが普通ですが、社会人になって、その貴重さにも気がつきます。社会にでてから、もっと勉強しておけば良かったという人は多いですし、たくさん時間を与えてもらった大学時代に、興味あることを掘り下げてぜひ勉強してほしいと思います。

卒業式（2008）

写真コラム **関学生ファッションの変遷**

1950年代

1970年卒業アルバム

1960年代

1970年代

1980年卒業アルバム 209　　1980年卒業アルバム 210 　　1980年卒業アルバム 211

2005年卒業アルバム 212  　　2005年卒業アルバム 213

103

第八章 2万人の卒業生、その後

関西学院大学社会学部では、設立50周年記念事業の一環として、卒業生を対象とした「関西学院大学社会学部卒業生の生活と意識に関する調査」を、2009年9月から12月にかけて実施した。この調査は、卒業生の人生やキャリア、さらに教育や職業について質問し、今後の大学教育やキャリア教育に活かしていくことを目的としておこなわれた。調査対象者は、社会学部卒業生のうち物故者、住所不明者を除いた23,556名より8,000名（宛名不明者等がいたため、実際は7,551名）を選んだ。多くの卒業生の協力により最終的に2,169名（28.7%）の回答を得ることができた。

時計台 214

関西学院大学社会学部卒業生の生活と意識に関する調査

1. 回答した方々

今回の調査ではどのような方々に回答していただいたのでしょうか。図1は、性別と卒業年で分けたときの、回答者の比率をあらわしています。男性では70年代の卒業生が多く、女性では2000年代の女性が多くなっています。また男性は90年代以降の卒業生の方々の回答が少なく、逆に女性は60年代の方々が少なくなっています。これは、社会学部の男女比が50年間で大きく変化していることによります。図2は、実際の社会学部への入学者の変化をあらわしています。男性は250～350人前後で50年間推移していますが、女性は1960年の入学者は21名であったのが、その後増加し、現在では350～450人程度と、女性の比率が男性を上回っています。

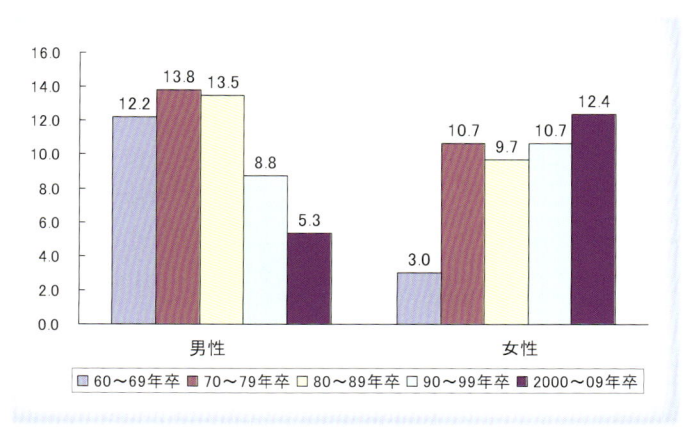

図1 性別と年代

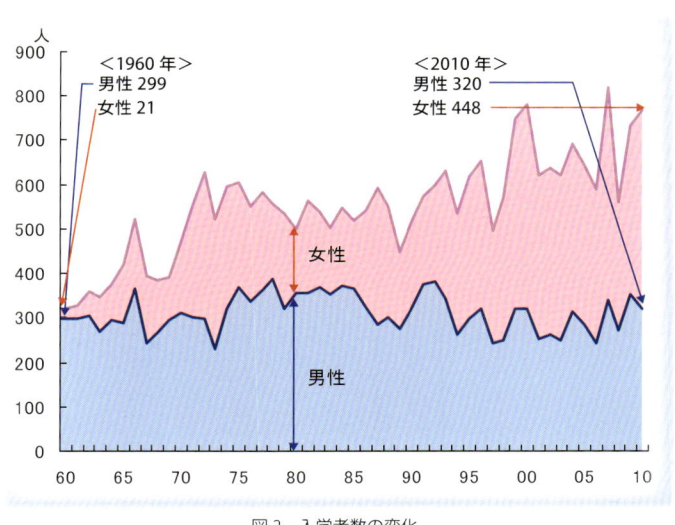

図2 入学者数の変化

2. 関西学院大学への思い

まず、関西学院大学への思いを3つの面から見てみましょう。

中央芝生のタンポポ

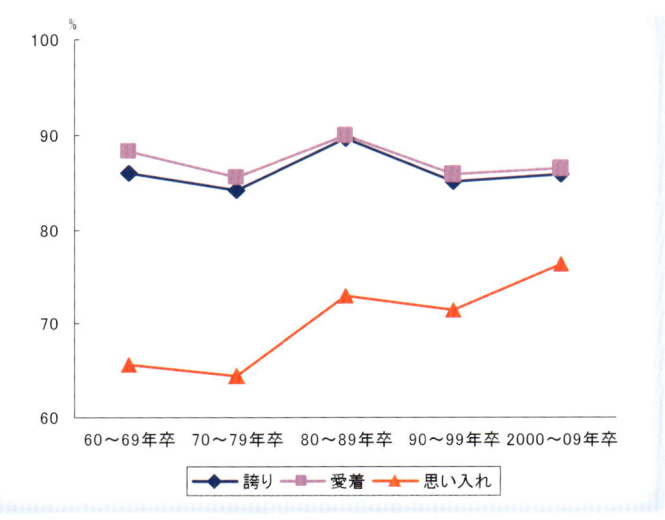

図3 関学への思い

第八章　2万人の卒業生、その後

図3は、「卒業生であることの誇り」、「大学への愛着」、「関学への思い入れ」の3つの意識について、「とてもあてはまる」、「まああてはまる」と回答した卒業生の比率をあらわしています。図3から、関学に誇り、愛着を感じている人が、いずれの世代でも85〜90％程度と非常に多く、また思い入れについては、若い世代ほど強く感じている人が多くなっています。

また、関西学院として思い浮かべる場所を尋ねたところ、どの世代も共通して「時計台」、「大学図書館」、「中央芝生」を挙げる人が圧倒的に多くなっています（図4）。この3箇所が関学のシンボルとして卒業生の方々に親しまれていることがわかります。それ以外では社会学部、第5別館、学生会館など、学生時代に多くの時間を過ごした場所を思い出す方も少なくないようです。

学生会館旧館「ビッグママ」

時計台と経済学部

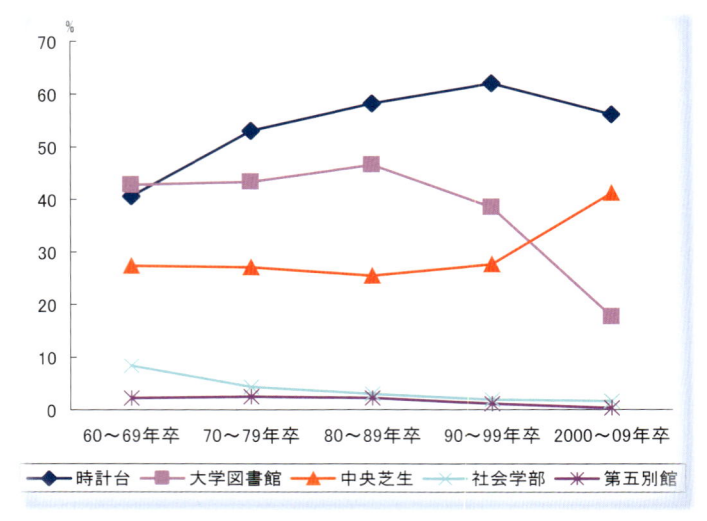

図4　大学のシンボル（上位5位まで）

3. 社会学部の教育

次に学生時代の学業についてみてみましょう。

図5の在学中の出席、成績について見ると、出席率は60〜70年代の卒業生の方々が高く、80年代で低くなり、最近再び上昇しています。また成績は、70年代が最も低く、80年代以降上昇しています。60年代の卒業生からは、「私が在学していた時は大学紛争で3、4年は全くと言っていいほど講義はありませんでした。本当に勉強しなかった事が残念です」（60年代卒女性）といった学園紛争によって授業が受けられなかったという話がいくつもありました。また「目をつぶると、はずかしいのですが、『マージャン屋』のタバコもうもうの状態が最初に出ました」（70年代卒男性）、「講義はサボリ、仲間と遊んで、テスト前になると、正門前のいわゆるノート屋さんに行き、講義ノートを買い、テストに挑んでいました」（2000年代男性）という卒業生も少なくなかったようです。

卒業生の方々は、社会学部で受けた教育をどのように評価しているのでしょうか。図6は、講義、ゼミ、実習、指導教育、そして友人関係について、満足していた（「とても満足」「まあ満足」）卒業生の比率をあらわしています。実習満足度は5割前後と他の項目に比べてやや低いですが、全体としては、6割〜8割の卒業生の方々が満足しています。また全体的に近年やや上昇傾向にあ

ることがわかります。「今から振りかえってみても、また、実社会に出てから、同僚等から聞いた他大学の実情を較べてみましても、関学社会学部の教育内容は実践、なおかつ、小集団を活用した、きめのこまかい内容であったと思います」(80年代卒男性)、「ゼミ中心の教育カリキュラムは素晴らしかった」(80年代卒女性) といった評価がありました。

その他にも、「関西学院大学の自然がいっぱいのキャンパスと、そこで過ごした私達の想い出が、一生の心の余裕や広がりを支えてくれると思います」(70年代卒女性)、「大学生活4年間という期間は私の人生の中でも一番充実し、輝いていた時期だと思います」(90年代卒女性)、「関学のことを思い出すと今でもとても懐かしく、また幸せな気持ちになります。関学は私にとってとても特別な場所でした」(2000年代女性) というような学生時代に思いを馳せる卒業生の方々も数多くいました。

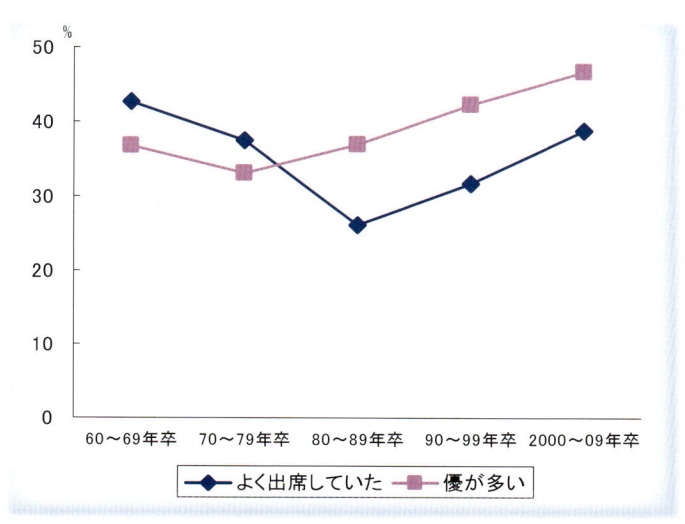

図5　授業の出席、成績

桜と時計台

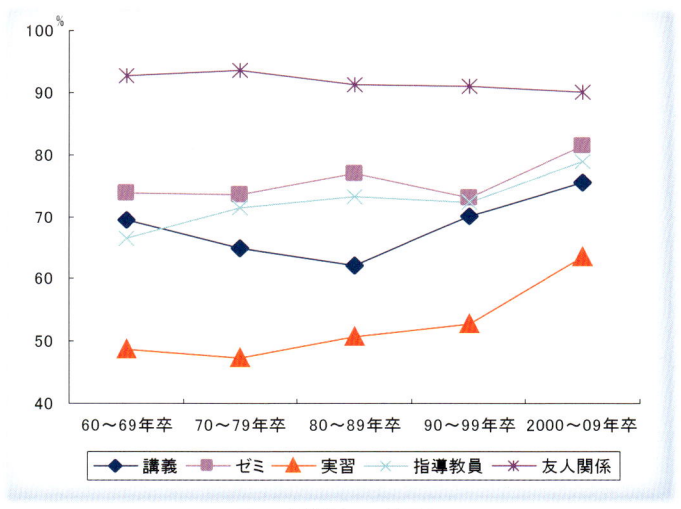

図6　大学教育への満足度

4. 卒業後の就業

今回の調査では、卒業生の方々に自らの人生の転機を尋ねています。転機の中で最も多かったのは、仕事に関わる出来事で、男性45.9%、女性23.8%の方々が挙げています。その内訳は就職、転職・異動、離職・退職・定年などです。次に多いのは、家族に関わる出来事であり、男性19.8%、女性43.3%の方々が挙げており、内訳は結婚、出産、家族の病気・死などです。ここでは、このうち仕事について取りあげてみたいと思います。

大学卒業後初めて就いた職から現在の職への移動を見ていきましょう。図7、図8は、移動(非移動も含む)のパターンをあらわしています。太い線ほど移動量が多いことをあらわしています (太線8%以上、中太線5%以上、細線1.5%以上)。また赤は、若い世代ほど移動量が多いことを、青は、高齢の世代ほど移動量が多いことを示しています。黒は世代による違いがあまりないことを示します。男性について見ると、事務職、専門職を継続している人が多いことがわかります。また事務から管理、事務から無職への移動、販売を継続している人が多いことも特徴です。若い世代ほど同じ職にとどまる傾向は強く、高齢になると管理職への移動、定年退職による無職への移動が多くなることがわかります。一方女性は、男性同様、事務職、専門職を継続している人が多くなっています。ただ男性とは異なり、無職への移動、事務職からサービス職への移動が多く、販売職と事務職の間の移動、管理職への移動が少ないといった特徴が挙げられます。

第八章　2万人の卒業生、その後

5. 社会学は役に立ったのか

社会学部校舎

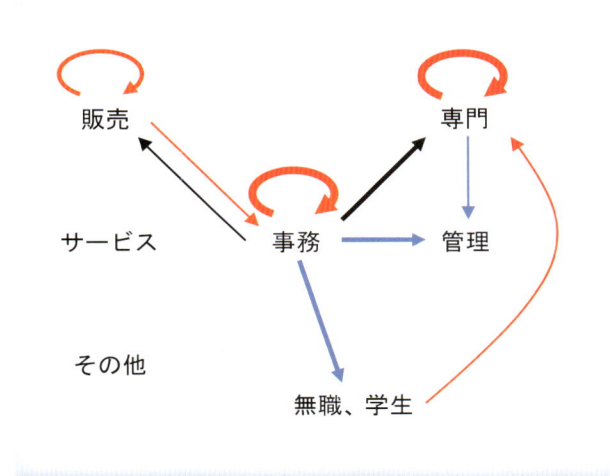

図7　初職と現職の関係（男性）

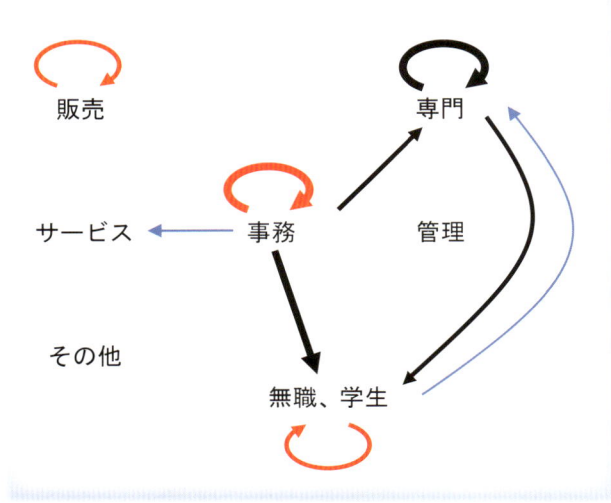

図8　初職と現職の関係（女性）

今回の調査では、関西学院大学で学んだ「社会学」が卒業後「役に立つ」のかについて尋ねています。この質問にご回答いただいた卒業生は回答者全体の約6割、さらに記述の中で、具体的に役に立つ内容を書かれた方が約9割おり、全体として約半数の方々が関学での社会学の学びが「役に立った」と考えていました。そこで、何が「役に立つ」のかを細かく見ていくと、おおよそ2つに分けることができます。

第1に、大学で学んだ知識が仕事に役立つケースです。福祉系の仕事に就いている方々からの回答で、「音楽療法士という仕事（勉強）の中で社会福祉の勉強が役に立った」、「ケースワーク、精神病理学、カウンセリング、児童発達論等、福祉の専門課程は大変役に立っています」といった、大学で得た知識が直接仕事につながっている場合です。その他にも「社会心理学で学んだ事象について、仕事の上で役に立つ場面が多かった」、「組織論、人間関係論、リーダーシップ論、ロジカルシンキングなど大学時代に学んだことが即、役に立った」など、得た知識を応用することで、仕事に役立てているケースもあります。

第2に、社会学の知識が直接役に立つのではなく、社会学的な思考法、ゼミや実習での活動が役に立ったという意見があります。「コミュニケーション能力が身についた」「視点を1つにしぼらないこと、色々な見方や見え方があることを学んだこと」「ジャーナリズムの世界にいたので、社会学そのものというより勉学を通じて獲得した社会学的な見方、考え方は、大いに役立っていたのではないかと思う」といった意見に代表されます。

さらにこれからの社会学部の教育について、意見を尋ねたところ、実学（語学、法学、経営学）などに力を入れるべきだというご意見や、社会性、人間性、品性を高める教育をしていくべきだという意見が数多く寄せられました。さらに資格ではなく基礎を、社会参加を通じて社会を見る目を養うべきだという意見もありました。

今後は、今回の調査も含めこれまで50年間の社会学部の教育や研究を振り返り卒業生の方々の意見を踏まえつつ、これからの社会学部の教育、研究のあり方について考えていくことになります。

学生読書室（1988） 220

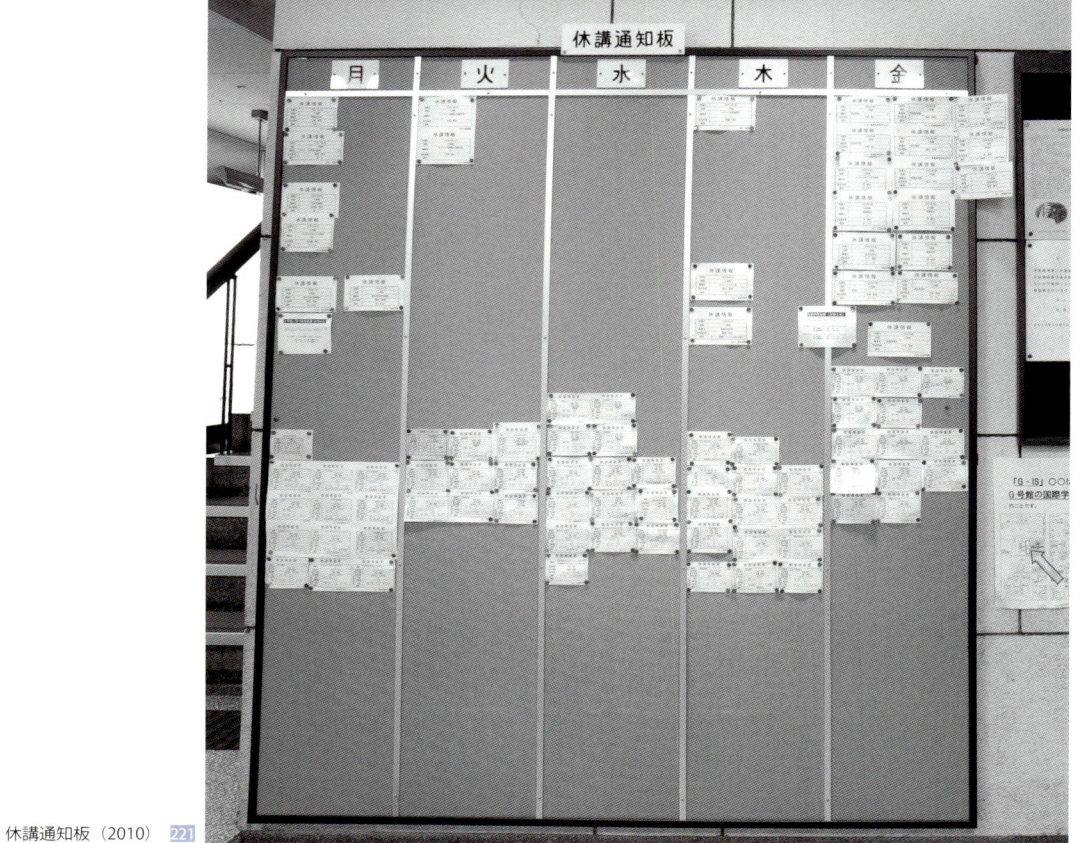

休講通知板（2010） 221

109

第九章 日本の未来と社会学部のこれから

人口減少社会を迎えた日本は、将来の国の形をどのようにしていくべきか真剣に考えなくてはならない時期を迎えた。この時代に、社会学は何を発信すべきか、社会学部はどうあるべきか、そしてどのような人材を育てるべきか、次の時代を担う人びとへのメッセージをいただいた。

2009年入学式

日本社会と社会学のこれから

「お祝いどころではない。反省会や」

領家穣

　今の社会が間違うとるのは、人を信頼するというところから始めない社会をつくっていることに問題があるんや。内部告発は、これは密告なんだ。直接、面と向かって本人に言うてやれよというんや。お前間違っていると。おれと萬成君の関係は、どんなに違うていてもお互いけんかできるんだから。そういう社会でないといかんのだ。

　社会学者を見とったら、今、勉強家ばかりになったから危ないんだ。東大の連中が言う建前が通る世界になってしまった。マスコミも、みんな官僚になってしまった。

　だから、今、社会学が本気にならにゃいかん。

　社会学者が、現実の社会をよくみて、読み解いていかにゃいかんのだ。それをやらんから、社会学にお呼びがかからない。この大事な時に社会学は何も発言しない。できない。そんな社会学になっているのに、関西学院大学社会学部50周年というけれど、お祝どころではない。反省会や。考えにゃいかん。社会学の根本に帰らなきゃいかんと思う。

外国人移民を視野に

山本剛郎（Ⓢ 1977-2008）

　私は、これまでずっとコミュニティの調査・研究をしてきました。その一貫として移民社会にも関心を持っていました。そういう視点から、人口減少社会になった日本を見てみますと、それでいいのかということですね。人口が、将来的に3,000万、4,000万人になってしまってもいいのか、いや、人口1億人は維持したい、人が減るのは困るということなのか。もし後者を選ぶとすれば、少しは外国人移民を増やさないといけなくなりますね。日本の国の形を今後、どうしていくのかが問題となってきます。

　日本で外国人労働者の受け入れが検討され始めるのは1980年代後半からですね。やがて、出入国管理や難民認定に関する法案などが制定され、外国人の来日・受け入れは今日まで続いています。その代表格が日系ブラジル人ですね。日系ブラジル人といっても日本語能力や生活習慣・しぐさの点で日系というイメージとはほど遠い人がたくさんいます。そのためもあってか、ゴミの出し方をはじめ日常生活をめぐるトラブルも多くなってきています。

　でも、政権が代わりましたからね。しばらくは、自民党政権の総括と、経済の立て直しで手いっぱいでしょうから、移民の話は棚上げでしょうね。民主党の新政権も、少し落ち着いたら、この国の形をどうするのかということを議論しないといけなくなるでしょう。難しい問題ですけどね。ヨーロッパの先進国は、人口の1割か2割を移民として受け入れ、国を活性化させるという選択をしていますね。

　日本人だけでなんとかやっていける間はいいでしょうけど。それに、今でしたらまだ、

領家穣 223

山本剛郎 224

2009　民主党政権成立

2009　新型インフルエンザ流行

2009　真鍋一史教授定年扱退職

2009　教育学部設置（聖和大学と合併）

2009　社会学部改編（①カリキュラムの大幅な改編・拡充＜3系7領域＞　②入学定員を現行の475名から650名に増員　③専任教員の12名増員）

2009　厚東洋輔教授、鈴木慎一郎教授、吉田寿夫教授、今井信雄准教授、金明秀准教授、関嘉寛准教授、倉島哲専任講師、大岡栄美助教、貴戸理恵助教、鈴木謙介助教、立石裕二助教、ガブリエレ・ハード助教、村田泰子助教、石田淳助教（任期制教員）、岩本茂樹助教（任期制教員）、岡本卓也助教（任期制教員）、林怡蓉助教（任期制教員）、就任

2009　芝田正夫教授、教育学部へ移籍

2009　藤戸淑子教授退職

2009　M・ラディック氏（サン・テティエンヌ国立高等建築学校）講演（「時間に住むこと、あるいは廃墟の詩性」）

225

2009年入学式 226

第九章　日本の未来と社会学部のこれから

2010　居樹伸雄教授定年扱退職、松浦勉教授（任期制教員）任期終了、山上浩嗣教授退職

2010　国際学部開設

2010　学部長：宮原浩二郎教授

2010　陳立行教授、長松奈美江助教、就任

2010　佐藤卓己氏（京都大学大学院）社会学部創設50周年記念連続学術講演1（「《メディア史》の成立−歴史学と社会学の間」）

2010　社会学部創設50周年記念行事　式典・祝賀会

2010　山田昌弘氏（中央大学）社会学部創設50周年記念連続学術講演2（「社会学者の仕事の社会的影響−リアリストは嫌われる？」）

2010　李建志教授、就任

2010　尖閣諸島問題発生で日中間緊張

2010　吉川徹氏（大阪大学大学院）社会学部創設50周年記念連続学術講演3（「社会調査で時代を測る−潜在する大きなトレンド」）

2010　落合恵美子氏（京都大学大学院）社会学部創設50周年記念連続学術講演4（「パーソナル・イズ・ポリティカル−日常の学としての社会学」）およびパネルディスカッション（テーマ『「大学教育としての社会学」をめぐって』、司会　安藤文四郎氏、討論者　落合恵美子氏、奥野卓司氏、田中耕一氏）

日本に来たいという人は労働者も観光客も、大勢いますけど、もう少し経ち、技術のレベルも下がってしまったら、そのうち外国人にどうぞ来てくださいといっても、誰にも来てもらえなくなりますね。心配ですね。

　これからは、アメリカとか、ブラジルの日系社会のことに加えて日本社会のあり方を研究することが大事になってきますね。日本社会もだんだん変わっていかざるを得ないですからね。外国人の参政権の問題はその最たることでしょうか。次の国会で法制化をめざすとか、取りざたされていますね。外国人労働者や移民の問題は、トラブルの噴出や考え方の相違など、解決すべき難問を多く含んでいますが、国民的な課題としてこれを考えていかなければならないと思います。少子高齢化が進み、人口減少が加速しているこの日本社会の行く末を模索する、ひいては移民社会について考える、そういう時がいま来ていると思います。

社会学部が目指すもの

　社会学部の社会的な評価はどうなのか、何を大事にしていくべきなのか、髙坂健次、塩原勉に語ってもらった。

髙坂健次

　私は、日本社会学会の理事も務めてきました。日本社会学会理事の任期は3年で、1大学からは1人ということで、関学からは萬成・倉田先生が交替で、理事を務めておられ、萬成・髙坂という時代がしばらく続き、萬成先生がお辞めになってからは、髙坂・鳥越という時代もしばらくありました。3年髙坂がすると、また、鳥越先生がする、そしてまた髙坂がするという時代がありました。今年は、関学からは理事が出ていません。鳥越先生は早稲田に移られて理事をされていますが。ちょっと継続性がなくなっています。対外的には関学社会学部が地盤沈下している面は否めません。

　社会学部の現状には、2つ側面があると思います。1つには、社会学部でこれだけの規模を持っているところは、全国的にもありません。教員の数でも、学生の数でも。まあ、規模では一番だと思います。さらに2003年から2007年には、21世紀COEプログラムを、私が拠点リーダーで取りました。去年からは大学院教育改革支援プログラム、いわゆるGPですね、これも私がリーダーで、古川先生と阿部先生がサブリーダーとして採択されました。そういうふうに学部も研究科も全国的に競争的なプログラムを取ってきた。そういう意味ではプラスに評価されるところですが、さっき述べたように、日本社会学会の理事の地位は継続的に維持できていない。そういう両側面があると思います。

同窓会（2008）

塩原勉

　卒業生の中に、職業をリタイアしてからも、有意義な活動をしている人が多くいるということは、学部として、記録しておく必要があるのではないでしょうか。私の第3回のゼミの同窓会は、長年、活動しています。今までは、3、4年に1回、一泊旅行に行っていたんですが、最近は、みんな年をとってきたんで、人恋しくなってきたみたいで、毎年、行くようになってきました。みんなもう定年退職してしまって、自由になっているんです。その人たちが、いろいろな活動をしているんです。例えば、瀬戸内海にある毒ガス島の大久野島に夫婦で通って、ボランティアで、そこにやってくる人たちを案内したり、中国の毒ガス被害にあった人たちと連絡を取って交流したりとかね。高等学校の先生を少し早く退職して、そういう問題をご夫婦で取り組んでいるんです。小学校の校長先生を定年退職して、障害者福祉の問題をやっていて、障害者の人たちの小さな作業所を造ったりしている人もいます。それから、鹿児島県沖永良部島出身で、阪神間に来ている人たちのネットワークをつくって、沖永良部島のことをいろいろ調べ、島とも交流し、そのネットワークを生かして、素人劇団を結成して、大真面目に楽しんだりしています。あるいはまた、ハンガリーに、日本語を教えにいったりする女性もいます。とにかく、リタイアした後からも、関学社会学部の卒業生たちは、何か楽しい、社会にも必要とされていることを、熱心にやっている人が多いですね。仕事をバリバリやっているというだけではなく、仕事を辞めてからも、元気に社会的な素晴らしい生き方をされているということは、関学社会学部が、大いに誇りとしてもいいことだと思います。社会学部に志の高い卒業生が多数いることは、素晴らしいことです。

塩原勉

2011　山路勝彦教授定年退職、大村英昭教授定年退職

2011　春より社会学部校舎建替工事着工（予定）

社会学部設立50周年記念式典当日　関西学院会館中庭に集合した社会学部教職員（2010）

写真コラム　想い出の社会学部校舎

2号教室（社会学部チャペル）230

1階ロビー 231

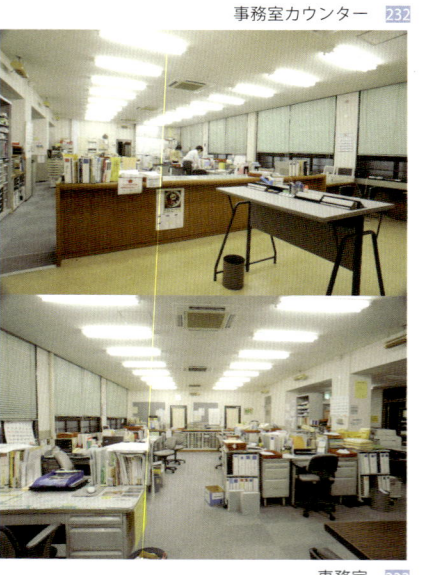

事務室カウンター 232

事務室 233

2号教室 234

2階廊下 236

1号教室 235

半世紀の間、この会議室で社会学部教授会が開かれた 237

講師控え室 238

大学院共同研究室 239

掲載図版一覧 (タイトル／提供者・出典、提供者敬称略)

001　W・R・ランパス／『関西学院の 100 年』
002　吉岡美國／『関西学院の 100 年』
003　ブランチ寄贈のチャペル／学院史編纂室所蔵
004　教員と学生／学院史編纂室所蔵
005　原田の森クロスポイント／学院史編纂室所蔵
006　小林一三／『関西学院の 100 年』
007　神崎驥一／『関西学院の 100 年』
008　移転した上ケ原キャンパス／学院史編纂室所蔵
009　移転時のキャンパス　正門から／学院史編纂室所蔵
010　甲山側から見た上ケ原キャンパス／学院史編纂室所蔵
011　大道安次郎／文学部卒業アルバム 1959
012　新明正道／『関西学院の 100 年』
013　高田保馬／『高田保馬博士の生涯と学説』創文社 1981
014　大道安次郎ゼミ／社会学部卒業アルバム 1960
015　竹内愛二／社会学部卒業アルバム 1960
016　今井鎮雄
017　坂本津矢子／社会学部卒業アルバム 1964
018　杉原方／社会学部卒業アルバム 1964
019　竹内愛二ゼミ／社会学部卒業アルバム 1964
020　萬成博／社会学部卒業アルバム 1964
021　萬成博ゼミ／社会学部卒業アルバム 1964
022　領家穰／社会学部卒業アルバム 1964
023　領家穰ゼミ／社会学部卒業アルバム 1964
024　1960 年 9 月社会学部棟竣工／学院史編纂室所蔵
025　余田博通／社会学部卒業アルバム 1964
026　倉田和四生の学生時代／倉田和四生提供
027　文学部社会学科教員／文学部卒業アルバム 1959
028　牧正英／社会学部卒業アルバム 1964
029　大道安次郎を囲んでの宴／倉田和四生提供
030　武田建／社会学部卒業アルバム 1964
031　杉原方ゼミ／社会学部卒業アルバム 1967
032　社会事業学科教員／文学部卒業アルバム 1959
033　余島身体障害児キャンプ (1953)／『時を刻む　今井鎮雄の仕事』
　　　神戸新聞総合出版センター 2006
034　社会学部校舎建築中／学院史編纂室所蔵
035　社会学部創設時教員／社会学部卒業アルバム 1960
036　蔵内数太／社会学部卒業アルバム 1964
037　社会学部前広場／社会学部卒業アルバム 1968
038　第 5 別館と教授館も完成／学院史編纂室所蔵
039　藤原惠／社会学部卒業アルバム 1964
040　藤原惠ゼミ／社会学部卒業アルバム 1964
041　社会学部創設直前のキャンパスと甲山／学院史編纂室所蔵
042　塩原勉／社会学部卒業アルバム 1964
043　塩原勉ゼミ／社会学部卒業アルバム 1965
044　津金沢聡広／社会学部卒業アルバム 1966
045　社会学部前植え込みでくつろぐ
　　　／社会学部卒業アルバム 1966
046　辰馬勝 (2010)
047　中学部生の辰馬勝　週刊朝日より／週刊朝日 1993 年 11 月 5 日
048　前列左から二人目が辰馬勝
　　　／社会学部卒業アルバム 1963
049　高坂健次／社会学部卒業アルバム 1965
050　売店前で／社会学部懇親旅行アルバム 1962
051　日陰で休息／社会学部懇親旅行アルバム 1962
052　浜辺で／社会学部懇親旅行アルバム 1962
053　左から鈴木信五郎、丹羽春喜、倉田和四生、竹内愛二、
　　　前列山中良知／社会学部懇親旅行アルバム 1962
054　鈴木信五郎／社会学部懇親旅行アルバム 1962
055　合掌造りの民家前で／社会学部懇親旅行アルバム 1965
056　田中國夫、熊谷一綱／社会学部懇親旅行アルバム 1965
057　雪の残る立山／社会学部懇親旅行アルバム 1965
058　左から萬成博、丹羽春喜、杉山貞夫、熊谷一綱、塩原勉
　　　／社会学部懇親旅行アルバム 1966
059　蔵内数太／社会学部懇親旅行アルバム 1966
060　田中國夫、領家穰／社会学部懇親旅行アルバム 1966
061　ストライキ中／社会学部卒業アルバム 1967
062　学生集会／社会学部卒業アルバム 1967
063　封鎖された学院本部 1968 年 3 月 28 日／『関西学院の 100 年』
064　スト権確立のための投票／社会学部卒業アルバム 1967
065　1968 年 3 月 28 日卒業式当日のデモ行進
　　　／『関西学院の 100 年』朝日新聞社提供
066　追及集会となった全学集会 1969 年 2 月 27 日
　　　／『関西学院の 100 年』
067　1969 年 1 月 24 日全学集会／関西学院大学卒業アルバム 1972
068　社会学部前でのデモ／社会学部卒業アルバム 1967
069　1969 年 1 月 17 日学院本部封鎖／『関西学院の 100 年』
070　機動隊と揉み合う学生 (1969)／関西学院大学卒業アルバム 1971
071　1969 年 2 月 7 日　機動隊に守られての入試
　　　／『関西学院の 100 年』読売新聞社提供
072　全学集会／関西学院大学卒業アルバム 1971
073　入試期間中一度解放された第 5 別館
　　　／関西学院大学卒業アルバム 1971
074　社会学部前バリケード／萬成博提供
075　バリケードで閉ざされた正門／関西学院大学卒業アルバム 1971
076　荒らされた研究室／萬成博提供
077　ゲバ棒を振りかざす学生／関西学院大学卒業アルバム 1972
078　王子陸上競技場での改革結集集会に乱入した全共闘派学生
　　　1969 年 6 月 9 日／『関西学院の 100 年』
079　学長代行提案／『関西学院の 100 年』
080　「学長代行提案」を提示した小寺武四郎学長代行
　　　／『関西学院の 100 年』神戸新聞社提供
081　山積みのイス机 (1969)／関西学院大学卒業アルバム 1971
082　キャンパス解放集会に集まった学生と教職員
　　　1969 年 6 月 14 日／『関西学院の 100 年』朝日新聞社提供
083　机が取り払われた教室で再開された授業／『関西学院の 100 年』
084　学部祭シンポジウム／社会学部卒業アルバム 1967
085　辻善則　イオンファンタジー相談役室にて
086　水川元在籍中の塩原勉ゼミ／社会学部卒業アルバム 1967
087　水川元　豊中市立火葬場にて
088　第 5 別館の落書き／萬成博提供
089　キャンパスの荒廃／社会学部卒業アルバム 1970
090　荒らされた社会学部事務室／萬成博提供
091　第 5 別館の落書き／関西学院大学卒業アルバム 1972
092　第 5 別館の落書き／萬成博提供
093　社会学部前広場から／関西学院大学卒業アルバム 1971
094　切り倒されたヒマラヤ杉の切り株でのグループ討議
　　　／『関西学院の 100 年』
095　社会福祉の授業風景／広報室所蔵
096　田中國夫ゼミ卒論発表会／学院史編纂室所蔵 (1987 年撮影)
097　社会学部前にて／学院史編纂室所蔵 (1988 年撮影)
098　熊谷一綱／社会学部卒業アルバム 1964
099　掲示板／社会学部卒業アルバム 1965
100　チャペル掲示／社会学部卒業アルバム 1965
101　荒川義人ゼミ／学院史編纂室所蔵 (1988 年撮影)
102　社会福祉実習／広報室所蔵
103　岡村重夫ゼミ／関西学院大学卒業アルバム 1974
104　萬成博
105　萬成博著書
106　1989 年　関学 100 周年記念萬成博ゼミ／萬成博提供
107　倉田和四生
108　タルコット・パーソンズ教授／清水茂提供
109　鈴木信五郎／社会学部卒業アルバム 1964
110　定平元四良／社会学部卒業アルバム 1964
111　加藤春恵子の授業風景／広報室所蔵 (1988 年撮影)
112　山中良知／社会学部卒業アルバム 1964
113　清水盛光／社会学部卒業アルバム 1968
114　蔵内数太ゼミ／社会学部卒業アルバム 1964
115　蔵内数太著作集
116　1988 年当時の事務室／学院史編纂室所蔵
117　宮田満雄／社会学部卒業アルバム 1968
118　高坂健次著（ハーベスト社、2000）
119　高坂健次ゼミ／学院史編纂室所蔵 (1988 年撮影)
120　西山美瑳子／学院史編纂室所蔵 (1993 年撮影)
121　牧、遠藤、西山合同ゼミ／広報室所蔵
122　牧、遠藤、西山合同ゼミ企業訪問／広報室所蔵
123　神戸三田新キャンパス予定地図／『関西学院の 100 年』

124　久山康／『関西学院の 100 年』
125　佐々木薫／社会学部卒業アルバム 1967
126　佐々木薫ゼミ／学院史編纂室所蔵 (1988 年撮影)
127　對馬路人
128　座談会「これは学部紹介誌ではありません」
　　　／学院史編纂室所蔵 (1990 年撮影)
129　学部紹介誌「これは学部紹介誌ではありません」
　　　／社会学部発行 1990
130　宮田満雄／学院史編纂室所蔵
131　川久保美智子ゼミ／学院史編纂室所蔵
132　安藤文四郎ゼミ／学院史編纂室所蔵 (1988 年撮影)
133　中山慶一ゼミ／学院史編纂室所蔵
134　真鍋一史ゼミ／学院史編纂室所蔵
135　浅野仁ゼミ／学院史編纂室所蔵 (1988 年撮影)
136　杉山貞夫ゼミ／学院史編纂室所蔵
137　芝田正夫ゼミ／学院史編纂室所蔵
138　藤原武弘ゼミ／学院史編纂室所蔵
139　田中國夫ゼミ／学院史編纂室所蔵 (1988 年撮影)
140　森重裕子
141　宮原浩二郎ゼミ／関西学院大学卒業アルバム 1992
142　ブルキナファソで／森重裕子提供
143　社会学部チャペル (2 号教室　2009)
144　船本弘毅
145　関西学院クリスマス礼拝 (中央講堂)
146　社会学部チャペルの聖書
147　社会学部のアドベントクランツ
148　社会学部クリスマスチャペル
149　打樋啓史
150　点灯された時計台前クリスマスツリー
151　チャペルに出席する学生たち
152　ランパス記念礼拝堂のパイプオルガン
153　阪急甲東園駅付近で落下した新幹線高架／広報室所蔵
154　入試当日の受験生たち／広報室所蔵
155　門戸厄神駅西側を関学に向かう／広報室所蔵
156　工事中の図書館／学院史編纂室所蔵
157　武田建／広報室所蔵
158　「北摂土地」／『関西学院の 100 年』
159　遠藤惣一
160　総合政策学部／広報室所蔵
161　崩壊した浄水場斜面／広報室所蔵
162　甲東園駅前／広報室所蔵
163　震災で被害を受けた津金沢研究室／津金沢聡広提供
164　E 号館前のセグロセキレイ
165　社会福祉学科開設記念式典／広報室所蔵
166　社会福祉学科開設記念式典／広報室所蔵
167　社会福祉学科開設記念式典／広報室所蔵
168　2010 年 3 月 18 日卒業式　　　社会福祉学科／清水茂提供
169　『たましいのケア』いのちのことば社 2000
170　卒業式でゼミ生と
171　卒業式 (1992)／学院史編纂室所蔵
172　甲山登山 (2007)
173　社会学部設立前 1958 年の甲東園駅／商学部卒業アルバム 1958
174　震災の年、入試に向かう受験生／広報室所蔵 (1995 年撮影)
175　現在の甲東園駅 (2010)
176　宝塚ファミリーランド (1970 年代)／広報室所蔵
177　宝塚ファミリーランドの跡地にできた宝塚ガーデンフィールズ
178　西宮スタジアム (1970 年代)／広報室所蔵
179　西宮スタジアムの跡に建てられた阪急西宮ガーデンズ
180　正門前の喫茶店 (1970 年代)／広報室所蔵
181　現在の正門前 (2010)
182　島村恭則授業風景
183　鈴木謙介授業風景
184　祝賀会　山内一郎理事長挨拶／大谷信介提供
185　社会調査士資格認定機構事務局／大谷信介提供
186　設立総会シンポジウムチラシ／大谷信介提供
187　社会調査士資格認定機構設立総会シンポジウム／大谷信介提供
188　COE パンフレット／大学院社会学研究科
189　大学院 GP 運営委員会
190　芝野松次郎
191　人間福祉学部校舎／広報室所蔵
192　大学院案内パンフレット／大学院社会学研究科
193　通学風景
194　大学祭 (2009)
195　大学祭 (2009)
196　松村和彦
197　大谷信介ゼミ／関西学院大学卒業アルバム 2003
198　「絆つむいで」
199　はりま自立の家
200　写真同好会撮影会での平松祥子／藤原良憲撮影
201　三倉茉奈、三倉佳奈
202　難波功士ゼミ　甲山バーベキュー／三倉茉奈、三倉佳奈提供
203　卒業式 (2008)／広報室所蔵
204　卒業式 (2008)／広報室所蔵
205　1950 年代／学院史編纂室所蔵
206　1970 年卒業アルバム／社会学部卒業アルバム 1970
207　1960 年代／倉田和四生提供
208　1970 年代／広報室所蔵
209　1980 年卒業アルバム／関西学院大学卒業アルバム 1980
210　1980 年卒業アルバム／関西学院大学卒業アルバム 1980
211　1980 年卒業アルバム／関西学院大学卒業アルバム 1980
212　2005 年卒業アルバム／関西学院大学卒業アルバム 2005
213　2005 年卒業アルバム／関西学院大学卒業アルバム 2005
214　時計台
215　中央芝生のタンポポ
216　学生会館旧館ビッグママ
217　時計台と経済学部
218　桜と時計台
219　社会学部校舎
220　学生読書室 (1988)／学院史編纂室所蔵 (1988 年撮影)
221　休講通知板 (2010)
222　2009 年　入学式
223　領家穰
224　山本剛郎
225　2009 年　入学式
226　2009 年　入学式
227　同窓会 (2008)
228　塩原勉
229　社会学部設立 50 周年記念式典当日
　　　関西学院会館中庭に集合した社会学部教職員
230　2 号教室 (社会学部チャペル)
231　1 階ロビー
232　事務室カウンター
233　事務室
234　2 号教室
235　1 号教室
236　2 階廊下
237　半世紀の間、この会議室で社会学部教授会が開かれた
238　講師控え室
239　大学院共同研究室
240　社会学部モットー『真理は汝らに自由を得さすべし』
　　　／学院史編纂室所蔵

＊提供者・出典のない図版は本冊子のために古谷桂信が撮影した。

「温故創新」～次の50年に向けて～

　本書は、関西学院大学社会学部の設立50周年記念事業の1つとして、企画・編纂されたものです。記念事業委員会が発足してから3年近くの月日を経て、ここに出版の運びとなりましたことは、委員会一同にとり、この上ない喜びです。

　50周年を迎えた2010年の前後は、社会学部の歴史にとって2つの意味で大変重要な節目となるタイミングでした。その1つに、2008年に社会福祉学科が分離独立（人間福祉学部の新設）したことに伴い、社会学部が1学科制で学生定員650名の大きな学部となったことです。これに併せて、2009年度にはカリキュラムの大改編がおこなわれ、新たに3つの系（7領域）を専攻領域とする新体制に移行しました。新任の教員も続々と着任し、2008年度－2010年度の3年間で、23名もの新しい先生を迎え入れました。

　2つ目としては、懸案であった社会学部棟の建替え計画がいよいよ日の目を見ることになり、予定では2013年度中に竣工することが決まったことです。キャンパスの中で少しく独特の雰囲気をもつ建築物であった社会学部棟が、数年後には「関学らしい」スパニッシュ・ミッション・スタイルの建物に装いを一変します。もう少しで姿を消すこの学部棟と共に歩んできた社会学部の50年の歴史をどのように振り返れば、学部史として相応しいのか、という議論から本書編纂の仕事がはじまりました。そして、選ばれたのが、この50年を写真と関係者の聞き書きで綴るというアイデアでした。

　大学の学部史としては、通常、教育と研究・入試制度・学生関係の記録など、学部で起こった出来事を「文字記録」として残すことが目的となります。それを忠実に実践した学部の正史として、30周年を記念して編まれた『社会学部30年史』が残されています。

　その続編を同様の形式で記述するという方法も案の1つとして考えられました。しかし、文字記録だけではこの20年間の変化の意味を十分には伝えきれないのではないかという思いが、議論を重ねるうちに強くなりました。この間のテクノロジーの変化・風景の変化・大学の持つ意味の変化などなどを記録するに相応しい方法を実験的にでもいいから実践してみよう、ということになり、今回の50年史では、聞き書き・写真・動画の編纂という方法を採ることになりました。また、もうひとつの事業企画として卒業生を対象とするアンケートを実施しましたので、その集計結果の要旨も収録することにしました。

　こうして出来上がったものは、社会学部設立以来の50年間におよぶ出来事の「語られた記憶」、また「映像として捉えられた記録」の集大成となりました。ただ、この間の出来事が過不足なく、あるいは満遍なく記載されているわけではありません。また、回想の中には記憶の誤りや思い違いも含まれているかもしれませんが、それらのすべてについて予めお詫びするとともに、次に社会学部の学部史を編纂する際には、こういった誤りを正していただきたいと、未来の編集者にお願いしておきたいと思います。

　この小冊子が、多くの社会学部の卒業生の皆さん、かつて社会学部に在籍された教職員の皆さん、関西学院の関係者の皆さんに広く見ていただければ幸いです。また、現在および将来社会学部に在籍する教職員の皆さんには、社会学部の50年の歴史とそれに重なる学院の歴史について知っていただき、これからの新しい学部と学院の創造に向けて、たくさんのヒントを見つけていただきたいと念願しています。

　限られた時間のなかで、写真を集め、関係者のインタビューを行い、授業の様子や学部の行事を映像として記録することは困難な作業でありましたが、なんとかひとつのものとして形にすることができました。これは、ひとえにインタビューに応じてくださった多数の方々、写真を提供し、動画の撮影、アンケートに協力してくださった関係者の皆様のひとかたならぬ母校愛と、私たちに対するご支援の賜です。心からの感謝を申し上げます。

2011年3月
「社会学部設立50周年記念事業委員会」を代表して
委員長　安藤文四郎

関西学院大学
社会学部の50年 ― 写真と回想で綴る半世紀の歩み

2011年3月17日
発　　行　関西学院大学社会学部
　　　　　〒662-8501 兵庫県西宮市上ケ原一番町1-155
　　　　　☎ 0798-54-6202
編　　集　社会学部設立50周年記念事業委員会
発　　売　関西学院大学出版会
　　　　　☎ 0798-53-7002
印　　刷　大和出版印刷株式会社

写真撮影・複写　古谷桂信

ⓒ 2011　KWANSEI GAKUIN
Printed in Japan by Kwansei Gakuin University Press
ISBN:978-4-86283-080-7
乱丁・落丁本はお取り替え致します。

記念映像収録ディスクについて

- このDVDディスクには社会学部設立50周年を記念して「社会学部の現在」を記録・保存する目的で2009年8月から2010年8月にかけて撮影された映像が収録されています。
- また文書ファイル（PDF）として、「教職員リスト1960–2010」「社会学部教員紹介」「2010年度社会学部開講科目シラバス（抜粋）」「社会学部卒業生調査概要」（調査票と調査結果の速報版など）が収録されています。
- 収録映像をご覧になるには、DVD対応のプレーヤーか、DVD対応のパソコンをご利用ください。パソコンでご覧になるときには、別途再生用ソフトが必要になる場合があります。
- 文書ファイル（PDF）をご覧いただくには、パソコンにPDF読み取りのためのソフトが必要です。DVDプレーヤーからのご利用はできませんのでご注意ください。

文書ファイル（PDF）の見方

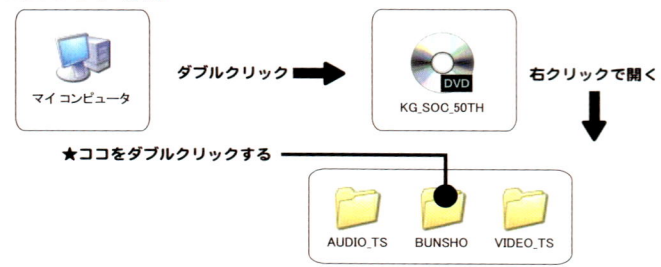

Windowsの場合

マイコンピュータ → ダブルクリック → KG_SOC_50TH → 右クリックで開く
★ココをダブルクリックする → AUDIO_TS / BUNSHO / VIDEO_TS

Macintoshの場合

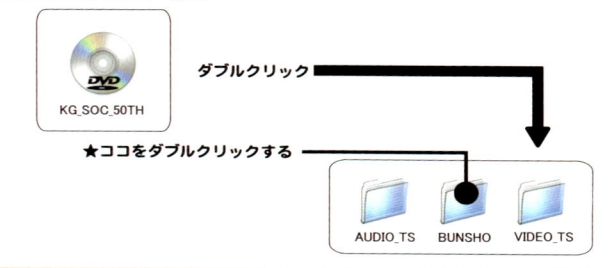

KG_SOC_50TH → ダブルクリック
★ココをダブルクリックする → AUDIO_TS / BUNSHO / VIDEO_TS

* DVDをパソコンに入れると自動的に動画が立ち上がる場合は、いったん動画の画面を閉じ、デスクトップ上に表示されるDVDのアイコンをダブルクリックしてください。
** PDFファイルの閲覧には、「Adobe Reader」が必要です。「Adobe Reader」は、Adobe Systems社の次のサイトから無料でダウンロードできます。　http://get.adobe.com/jp/reader/